一个让成年人震撼
让同龄人感动的鲜活故事

刘梅日记

刘 梅 著 王成均 编

四 川 出 版 集 团
四川少年儿童出版社

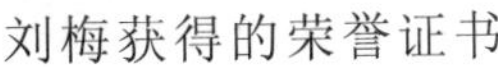

刘梅获得的荣誉证书

刘梅学习用的铅笔

参加小作家协会会议

刘梅给同学签名

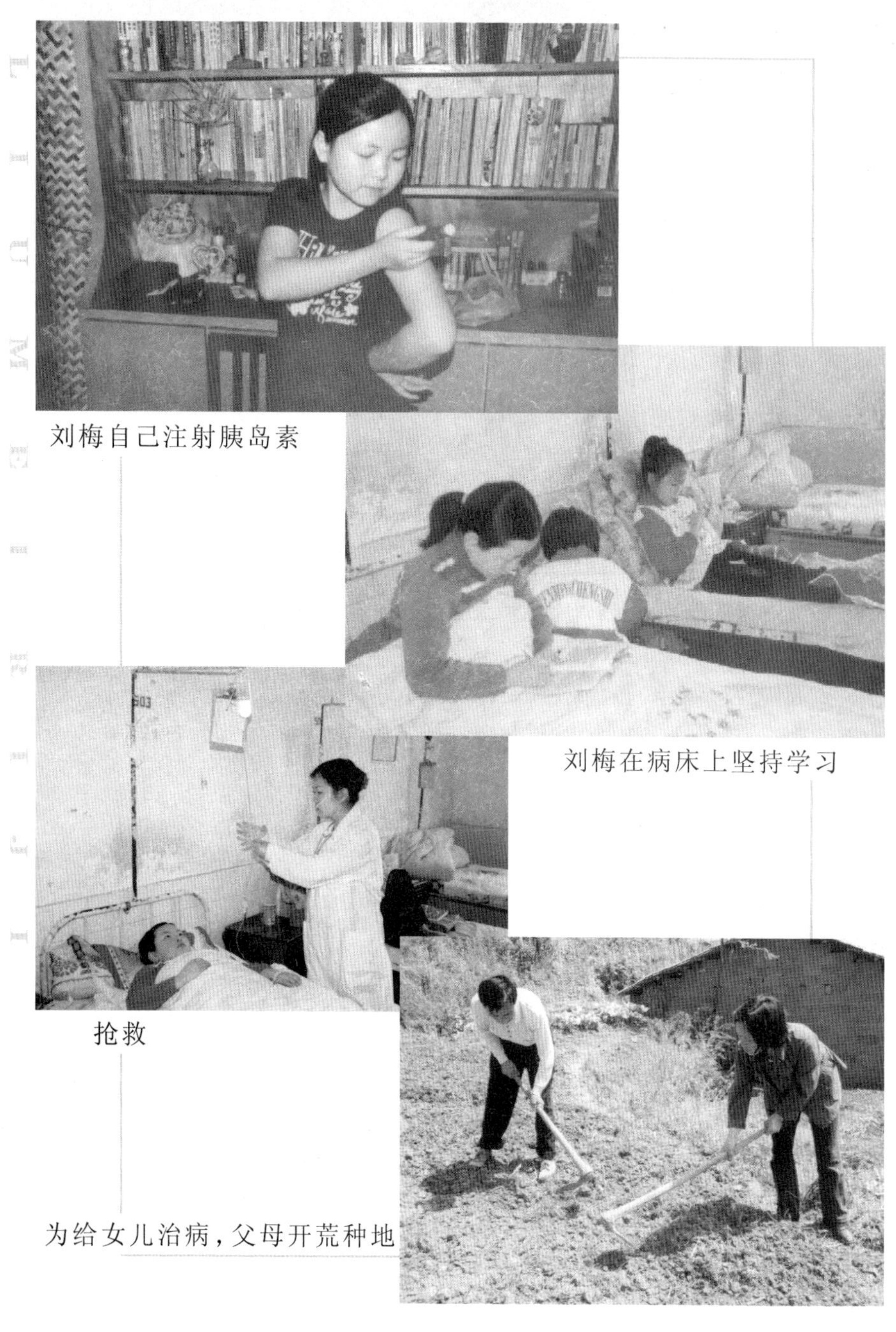

刘梅自己注射胰岛素

刘梅在病床上坚持学习

抢救

为给女儿治病，父母开荒种地

● 以上图片由王兴贵、王成均提供。

附录

好书即益友

（序）

“书是人类进步的阶梯。”在人类历史的进程中，书传承着文明，播撒着智慧，开启着心灵。一本内容健康的书，可影响一个人的一生，一本内容不健康的书，可毁掉一个人的前程。健康书与不健康书的分界线在于书的字里行间是否洋溢着人性心灵的真善美，在于书的思想是否回荡着催人奋发向上的力量。

未成年人是父母的希望，家庭的希望，社会的希望，祖国的希望。如何让未成年人读到有益身心成长的好书，无数有良知有社会责任感的作家都在孜孜不倦地追求，一年又一年，他们从生活中汲取营养，一次又一次，他们从生命中提取精神的养料，以书为友，以书为伴，克服小我，塑造大我，让众多的人（包括未成人）在一个个可见可触可摸的形象或感动的事件中得到启迪，受到震撼。

人类呼唤健康，社会需要健康。健康不仅是身体，而且是精神，是灵魂。身为父母，都希望自己的儿女成为社会有用的人，都希望自己的儿女时时与益友为伍，而好书就可承担这个神圣的重任。一个家庭如此，一个社会如此，一个民族和国家更应如此。

近读一个年仅15岁就患上Ⅰ型糖尿病、十余年与病魔抗争的小女孩刘梅的生命日记和青年作家王成均编著的长篇通讯《第107次生命》，留给我的是感动后的感动。日记是心声的自然流露，真情的自然表述。认真倾听一个年仅15岁的小女孩刘梅在日记中善待生命的心灵对话，我最大的收获是喜悦。

这是一本加强思想道德建设教育的好书，是一本让广大未成年人尤其是中学生深受教益的绝好教材，是一本广大家长教育子女健康向上的范本。

真情是文章的生命。走近真情,可找回良知。感动是一个人生命的润滑剂,时时让自己感动,我们可检测自己的道德是否缺失。读一本好书,就是一次良知与道德的洗礼。

好书即益友,好书即良师。

王振耀

(作者系中国关心下一代委员会执行主任)

1997年
疾病临门

水 仙 花

9月20日 星期六 晴

我家种了一盆水仙花。水仙的叶子是那么地绿,花的颜色就像白雪那么白,中间的花心是mì(蜜)黄色的,啊,水仙花真美呀!我多么想有十几盆水仙花!可我又到别人家里一看,他们一棵都没有。假设,我们家有许许多多水仙花,我就送他们一pén(盆),让水仙花的美遍及每个家庭。

我有许多水仙花就好了。

一次意外

12月18日 星期四 晴

上个星期三的夜里,我不知是怎么搞的,一夜就起来jiěshǒu(解手,即上厕所)五次,妈妈很为我dān(担)心,就连一夜的觉都没睡好。

早上,妈妈对我说:"刘丰(上中学后改名叫刘梅),你今天能不去读书吗?"我问妈妈:"妈妈,为什么不让我读书去呢?"妈妈说:"你看,你昨天一夜就起来jiěshǒu(解手)五次,而平常都只一次或者两次。我怕你的血糖会升高!再说,如果血糖升高了,你也不住院,那么,等血糖再升高了一倍的话,你就不能读书去了。"我想了一会儿说:"妈妈,我答应了。"

到了医院，才七时三十分。不知那些医生都怎么了，还没有一个来。妈妈只好带我去四楼找朱阿姨，不巧，朱阿姨正在和病人说些重要的事情，妈妈叫我在朱阿姨的办公室坐一坐。“我到那边去看一看朱医生。”妈妈对我说。我说：“你快点来呀！”妈妈一边点头一边向朱医生的办公室走去。一会儿，我听到妈妈的声音。我走过去，果然是妈妈来了，还有朱阿姨呢。

朱阿姨知道我的病情，对我说：“刘丰，你必须住几天院，才能读书去。”我知道朱阿姨是为我好，所以，我应当听她的话。

在医院 diào（吊）水（即输液）diào（吊）完了，我和妈妈乘车回家。到了家门口，车子停了下来，我跳着蹦着下了车。家门前有一个下水道，路过时，我一步没跨过去，一下掉进了下水道。那时，妈妈一边给司机 fù（付）钱，一边对我说：“你要小心，不要掉进下水道了。”可我已经掉下去了。我 hū（呼）喊道：“妈妈，妈妈，我掉进去了。……”妈妈付完了钱，转过身一看，没见到我，十分焦急。这时，一辆拖 lājī（拉机）停在马路旁，车上的人听见了我的 cǎn（惨）叫声，立刻跳下来，一位叔叔从口袋里寻出一个打火机，赶忙 cā（擦）燃，我的妈妈这才敢放下心地跳到下水道把我救了上来。说实在的，把我救上来后，那已经有二十分钟了。那时，我已昏了过去。怎么办呢，周围的人都叫妈妈 cèng（蹭，土家语，即掐）人中，可妈妈 shě（舍）不得下手。就在这时，一位叔叔说：“既然你不 rěng（忍）心下手，就让我来吧！”妈妈就让开了，一会儿，我就醒了点点。妈妈说：“来，吃点面吧！”于是，妈妈就给我 wèi（喂）了五角钱的米粉。吃了那么一半，我慢慢地 zhēng（睁）开了眼睛，看见了我那正在哭的妈妈，我就说：“妈妈，别哭了，别哭了！”妈妈 cācā（擦擦）眼泪，说：“来，我们回医院吧！”我点点头，又 bì（闭）上了眼睛。

到了医院，妈妈到处给我找医生。医生也很着急，怕我出什么事，这一夜，医生一会儿就要来问问、看看。一会儿又来，一会儿又来。

住了几天，我就出院了。在家里 jiàn（贱，土家语，玩耍）得没有 míngtáng（名堂）了，爸爸看我在家里玩得这么厉害，就说：“在家里玩得没有名堂了，就不如让她上学去，听听课总比没听的好。”就这样，爸爸妈妈让我上了学。

我又回到了同学们和老师的身边，我又回到了学校！

1998 年
感受真情

我儿时的趣事

2月1日　星期日　阴

今天是我又一次记日记，不知道该写些什么，中午和妈妈讲话时，妈妈讲到了我小时候。她说我那时顽皮又好吃，一天到晚要“冻冻、冻冻”，不买就发脾气不走！店子里的老板一看见我就喊：“丰丰，你看，冻冻！”我就跑过去了。有一次，我一连吃了两袋，可把爸妈吓坏了！妈妈说这事时，脸上笑笑，可我怎么就记不起来了呢？

盼望新成员的来临

2月5日　星期四　雨

太好了，再过几个月，我就有一个小伙伴了！我决定等他（她）出生后，好好培育他（她），保护他（她），让他（她）成为同龄孩子中最棒的一个！我把这个想法告诉了妈妈，妈妈笑笑说：“你这个傻丫头，说什么保护他（她）？我们生他（她）是想让他（她）来照顾你的，若是你发病了，我们不在身边，也好有个人照应啊！……”妈妈说着说着就哭了。

妈妈的话

2月8日 星期日 晴

昨天晚上,我一个人睡在床上想起妈妈讲的话,她说每个人都会死！我想到我将来也会死,而且可能比别人更早,我的鼻子就酸酸的了。如果我死了,就什么也不知道了,想到这里,我哭了起来,爸妈以为我不舒服,忙跑进来问我怎么了,我把我想的告诉了他们,爸爸笑了,妈妈却哭了。妈妈坐在我身旁,把我抱在怀里,一边用手轻轻地拍着我,一边跟我讲道理,我不哭了,可我还是很难过,如果爸妈比我先死,那就没有人疼我了,可如果我先死,他们一定很伤心很难过,尤其是妈妈。等他们出去了,我又哭了,但我觉得还是应该坚强地活着,不能让爸妈失望、难过。

我真的懂事了吗

2月14日 星期六 晴

听妈妈和爸爸说我小时候可娇了,虽然我记得不太清楚了,但我还有一点印象。那时的我,真的很像电视里的“小公主”,一不顺心就哭,还撒娇！可今天妈妈说:“丰丰比以前懂事多了,也听话了。”我真的懂事了吗?

“快了”，是一个希望值

3月10日 星期二 雨

今天，我们一家人坐在一起说话，说着说着就说到了我的病。说真的，都快四年了，可我只知道自己有病，却不知道究竟有什么严重性，也不知道何时会好。于是我问爸爸：“我的病什么时候才好呢？”爸爸一惊，过了一会儿才说：“快了，快了。只要你好好吃药打针，很快就会好了。”听了爸爸的话，我很高兴，我很快就不用再被针扎得疼疼的了，也不用再喝那苦苦的药了！

我知道了自己的病情

3月12日 星期四 晴

今天是植树节，学校放假了，爸爸妈妈也放假了。妈妈把我叫到身边，只是望着我，却不说话。我不明白，可也不敢问妈妈。过了好一会儿，妈妈才说：“丰儿，你一定要好好地活下去呀！要是你有什么事情的话，我和你爸真的就垮了呀！”妈妈哭得不成样儿了！然后，她给我讲了我患病的情况，我才知道自己患了Ⅰ型糖尿病，我终于对自己的病情有了些了解。说真的，我真不敢想像当时爸爸和妈妈是怎么接受这个事实的，还有外公外婆，他们最疼我了，他们一定很难过！我一定要快点好，这样，外公外婆还有爸爸妈妈才会开心。

我帮了一个穷人

3月25日 星期三 阴

今天在放学回来的路上,我遇到了一个叫花子,他的头发很脏很乱,用一根破布条围着,身上的衣服烂了,手里还拿着一张照片,上面照的是一座正被火烧的房子。他黑黑的手把照片递给我,又向我伸来一个破碗,看到他那个可怜的样子,我把爸爸昨天给我的五块钱都给了他。他接过钱后谢了我,就离开了。我想我帮了一个穷人!

我是一个傻孩子

3月27日 星期五 晴

今天下午买菜时,妈妈没有零钱就向我借,我说我没有钱,可妈妈说:"爸爸星期二不是给了你五块钱吗,怎么就没有了?"我把事情告诉妈妈后,妈妈摇摇头说:"你这个傻孩子,你的心太好了。"

我要做姐姐了

5月20日 星期三 阴

从爸爸妈妈的谈话中得知,我很快就要做姐姐了,太好了!不知道做姐姐的滋味如何,我真想早点尝试!可是我又想起了妈妈说的话:"我们生妹妹就是想让她来照顾你!"这是真的吗?可是,妹妹总是要长大的,我怎么能让她总是照顾我呢?她应该有自己的快乐生活和自由,我怎么可以剥夺她的这些权利呢?

如果这样我们还是真正的姐妹吗？我未来的妹妹，姐姐对不起你！

妈妈住院了

5月25日 星期一 晴

妈妈住进了医院，外婆也从乡下赶来照顾妈妈。今天放学后，爸爸接我到中医院看妈妈，我在病房里做完作业，便回家了。

漂亮的妹妹

5月26日 星期二 晴

今天上午11点多，妹妹来到了人间。她真可爱，粉粉的小脸蛋跟苹果差不多，一双眼睛还没有睁开，小嘴巴一动一动的。看着这个可爱的小生命，我的心里乐开了花！我用手指轻轻地摸摸她的脸，软软的、滑滑的，真舒服！我边逗小妹妹玩儿，边问爸爸："爸爸，妹妹叫什么名字，你想好了吗？"爸爸正在照顾虚弱的妈妈，所以没工夫和我细说，只说叫"刘丁瑞"。好难听的名字，安在这么漂亮的妹妹身上真是不配，可别损了妹妹的形象，不行，我要给妹妹重新取个好听的名字。

辛苦的外婆

5月28日 星期四 晴

今天上学去时，我又发病住进了医院。这回可真把外婆害苦了，爸爸带学生下乡实习去了，外婆一会儿要上四楼来照顾我，一会儿又要下三楼去照顾妈妈和小妹，每次都是红着眼睛去,又锁着眉头来!外婆真辛苦。

又哭又笑的妹妹

5月30日 星期六 晴

妹妹一天天地活泼了,也开始"烦"了,她睁开水汪汪的大眼睛看着我们大家,我们还以为她会笑呢,可谁知她眉头一皱,小嘴一张,"哇"地哭了起来!在一旁忙着照看妈妈的外婆心疼地抱着小妹,边哄她边赶我们:"你们别逗她了!"惹得我和爸爸都笑了,就连刚剖腹、伤口还没痊愈的妈妈,嘴形也笑成小船了。妹妹好像被我们的笑吸引住了,她不哭了,睁着眼睛望着我们,那样子,可爱极了,尤其是她粉粉的小脸,我真恨不得啃上一口!

妹妹是多出来的一滴水

6月10日 星期三 晴

听爸妈说,他们把妹妹的名字改成了"刘丁溢"。外婆和妈妈都赞成,可我还是觉得好难听,爸爸说这个名字有特别的含义:"本来我们有你一个就已经够了,丁溢是多出来的,就像水一样,满了就会溢出来。"

我听了心里很甜,可一想,觉得这样对妹妹很不公平,可我爱莫能助。妹妹还没有出生,就已注定将要为我劳心劳力,甚至有可能不亚于父母!真难为你了,妹妹。

"安琪儿"小赛车

7月11日 星期六 晴

我满九岁,外公外婆特地从乡下赶来给我过生日,还给了我三百元钱,叫爸妈带我去买辆自行车,没事时骑一骑,锻炼一下身体!妈妈点点头,于是我拉起妈妈的手就往外跑。到了街上,我们选了一辆天蓝色的"安琪儿"小赛车,回家时,妈妈推着漂亮的小赛车,我感到特别高兴。

骑车记

7月14日 星期二 晴

今天我要爸爸教我骑车,可还没骑多远就掉下来了,爸爸被"整"得直流汗,我也上气不接下气。几天来都是这样,我觉得自己手脚好木!

遭遇洪灾

7月25日 星期六 阴

一连下了好几天的大雨,桑植又要发生洪灾了。果然梭子丘的稻田和地势低一点的房屋都被淹了,我家比公路还要低很多,肯定也遭殃了。不一会儿,爸爸满身雨水地来了,告诉外公外婆和妈妈,我们家淹得只剩下一点屋脊了!我们很担心,便赶回家。一看,洪水虽然退了,但到处是污泥,墙砖湿湿的,门前的走道也看不到了,沿着临时铺成的路走到门口,一打开,妈妈差点崩溃了,家里除了几个破柜子,几把烂椅子,什么也没了!这是我们家第二次遭特大洪灾啊！外婆不作声，只忙着收拾、清洗，爸爸也是，妈妈要看着妹妹，只能在一旁干着急。外公听说后，赶来帮我们清洗衣物，我们一家都很感激他。

替家分忧忧更忧

8月2日　星期日　晴

昨天下午我开始作呕，而且浑身酸痛没劲，头也昏昏沉沉的，我想哭，可又怕爸妈替我操心。他们已经够累了，整天洗这洗那，手都肿了，脱了皮，可还是不能休息，于是我强忍了下来。但是到了晚上，我大呕特呕起来了，喝的水也进不了肚子。爸妈最终还是知道了，他们要送我去医院，可我知道，我们家这样子，并且还寄人篱下，哪儿有钱住院！我忍着，哭着说："没事，休息一下就好了，你们忙去吧。"爸妈没办法，也只有依了我，后来我越来越吃力，呕得更厉害，头也越来越昏……

等我醒来时，我睡在病床上，手上打着点滴，病床旁边，妈妈正红着眼睛望着我。爸爸在床头见我醒了，忙问："好点了吗？"我不想让他们为我担心，即使自己还很难受，便吃力地点点头，然后把目光移到妈妈身上。妈妈伸出她那洗得白白的、肿了的、脱皮的手，轻轻地为我整理头发，摸着我的脸。

我回到了自己的家

8月26日　星期三　晴

听爸妈说，我家被洪水冲过的房子已经清理得差不多了。我们不好意思再麻烦二姑他们一家了，于是搬回了自己的家。在回家的路上，我不知有多高兴，可到家一看，我失望了：天花板全都脱掉了，墙壁上的粉也大块大块掉了，有的地方还发霉了。

这可怎么住人啊？

朱老师，您真好

9月7日　星期一　晴

开学后，这是第一次升旗，站在火辣辣的太阳底下，我真有点受不了了，可是，我等了好久，仪式都没有完！我感觉自己已等了一个世纪，渐渐有些挺不住了。待我睁开眼时，看到了班主任朱灵芝老师，她正在替我扇风，见我醒了，她急切地问："怎么样？还有哪里不舒服？要不要去医院？"我摇摇头，眼睛盯着朱老师，她满头大汗，衣服也湿了好大一块，可她却顾不上为自己擦一擦，扇一扇！朱老师，您真好！

一件生日礼物

9月10日　星期四

今天沙阿姨来了，她送给我一个很精致很特别的礼物——画具。这套画具是她到北京出差时为我买的，作为生日礼物补送给我，还教我怎么使用。这挺好玩的，用画笔喷出来的画也特别漂亮，我好喜欢！

外婆捡起了破烂

10月4日　星期日　晴

今天一大早，外婆就赶来了，她送给我们很多菜，还有一包粑粑。我本来打算留外婆多住几天的，可外婆说家里还有事得赶回去，也就没再多说了。临走时她给了我五十元钱，叫我自己买点书。外婆上车前又塞给妈妈一百元钱,叫她买棉被什么的!外婆走后,妈妈哭了。妈妈告诉我说,这些钱是外婆捡破烂得来的,她自己舍不得用,就攒起来给我们。外公外婆都那么大年纪了,身体不好,可他们不愿自己花钱治病,却甘愿补贴我们,我觉得他们是世界上最好的外公外婆。

一个日记本

11月13日　星期五　晴

今天,我把我的小书柜翻了一遍又一遍,终于找到了我要找的东西——日记本。

这个日记本是黎黎姐姐送给我的,虽然说旧了一点,可我却不在乎。因为,它代表着我和姐姐亲密无间的关系。

日记本上画着一幅特别美丽的画。左上角有两只小老鼠坐在一个红色的气球上,气球上还写着一个大大的双喜,显然,这一定是要过年了。小老鼠的旁边还有一行字母;一只可爱的花猫躺在自己的“小床”上牵住气球的绳子,还好像在得意地说:“小老鼠呀小老鼠,现在,你们可逃不出我的手掌心了。”

啊!我实在太喜欢这个漂亮的日记本了。

喜讯降临

11月20日　星期五　雨

我正在做作业,妈妈突然跑进门,喜滋滋的。我问她话,她也好像没听见,只是在翻着电话本,像是要给谁打电话。打通电话后,妈妈对着话筒大声说:“姚老师吗?(幼儿园的老师,对我一直很好)啊!……好多了,谢谢你的关心!……喔,对了,今天取了验血结果,血糖是6.05,正常了!……对对对……好好。就这么回事,打扰了!”妈妈挂了电话,我立刻问:“是不是血糖正常了?”妈妈欣喜地点点头。太好了,这可是我患病后第一次出现正常血糖啊!我快步走到妈妈身边,抱住妈妈笑了。

唉,血糖又升高了

12月11日　星期五　晴

今天,妈妈又带我去验血糖,可中午结果一出来,发现血糖又有些高了。妈妈叹了口气,对我说:“慢慢来!”我心里急,其实妈妈心里更急,这几年来,她一直希望我的病早日痊愈,所以让一些小道消息乘虚而入,以至于花了一大笔钱却一点收获也没有,还欠了一屁股的债。不说别的,就说去年,有段时间经常听电视里说:“郑州管城糖尿病研究中心是糖尿病患者的福音,那里治愈的糖尿病患者已有几万人!”我们听了自然很高兴,借来钱就带着我去了,花了很多钱,买了三个疗程的药回来吃。可后来,再去查血糖时,居然升高了!当然这不能怪爸妈,他们也是为我好,想让我少受病痛的折磨,这次也是一样,我能理解。

高兴的事,我却高兴不起来

12月27日　星期日　阴

听妈妈说,她给我订了两种书,一种是《小学生天地》,一种是《课外生活》。1999年1月份起就能收到书了!订书一定花了不少钱吧!自从今年涨水后,我们家就已经穷得丁当响了,我还差点因为缺钱而不能上学,他们挤出钱给我订书,用意十分明显。按理说,我听到有书了应该很高兴啊,可不知为什么,我听说后一点也高兴不起来。

1999年
痛苦的挣扎

乡下表姐的祝福

1月1日　星期五　晴

今天是元旦，大表姐从梭子坵来到城里，她跑到我家，送给我一个蓝色的"小狗"书包和一张卡片，卡片上面写着："祝丰妹早日康复！"看着这些一笔一画都工工整整的字，我想起了大表姐对我种种的好来。我五岁以前，大表姐每每有好吃的，总是悄悄地留给我，见到我时，就一股脑儿拿出来给我吃，有糖果、水果、饼干等，我不知吃了多少。患病后，大表姐不再留吃的了，也不敢留——怕让我见了伤心，于是，她开始给我送学习用品，送卡片，送祝福……有时还夹着一些零用钱。不知道内情的有谁会相信我们是表姐妹？亲姐妹也不过如此！

一个哥哥的胸怀

3月2日　星期二　晴

住院已经两三天了，整天躺在病床上，难受死了！抬起手，看到一个个针疤和一块块青疤，心里怪不是滋味的，而且整间病房只我一个小孩，无聊极了。上午终于进来了一个大哥哥，果真让我兴奋了一下。这个大哥哥很有趣，说话很逗人笑，他说："每天都抽那么大一管子血，迟早有一天我的血会被抽完。"我们大家都被逗乐了。他又说："别笑别笑，有什么好笑的，我讲的可是正经事啊！我可是祖国的花朵啊，担负着建设祖国的使命！如果现在就把血抽完了，死了，那我还怎么报国呀？"听了大哥哥的话，让我又想起了当时的自己，总是常常对妈妈哭。可大哥哥不像我，他是知道患癌症晚期的真相的，只不过是为了逗我们笑而已！我想到大哥哥，我好羞愧。

姚老师的爱

5月1日 星期六 晴

学校放假了，一连七天，太好了，可以好好玩一下了，对了，再去看望一下幼儿园的姚桃英老师。说真的，从一年级到现在，我一次也没有去看过她！这次我一定要去！妈妈带着我来到住在县委的姚老师的家，姚老师见是我，高兴得不得了，一边请我们进屋，一边问我好些没有，学习怎么样，还打开电视让我们看。姚老师和妈妈谈了好久，全是关于我的，妈妈把我近段时间的情况讲了讲。妈妈说着说着哭了，姚老师就安慰妈妈说："老天爷总要开眼的，她会好的。"姚老师最后还拿出两套漂亮的衣服塞给我，叫我好好学习，保重身体，还要我好好疼妈妈，又叫妈妈放心，说："总有一天会治好的，别担心。"

颈项抽血

5月3日 星期一 雨

早上去医院抽血，扎了三针还没抽到，弄得我又痛又怕，于是爸妈又把我带到儿科办公室，叫朱桂芳阿姨帮我抽。朱阿姨对我可好了。她知道我们没钱，所以几次住院都只收一点药费，其他的什么也没收！听说是朱阿姨，我就放心了，朱阿姨一定不会弄疼我的。可是，扎了两针都没扎着血管，朱阿姨说不敢再从手上抽了，血管都扎破了！她问我敢不敢从颈项抽？我很害怕，抓着妈妈的手不放，可朱阿姨和妈妈都对我说："没事，和手上一样。”劝了好久，我终于答应了。我睡在办公桌上，转过头，朱阿姨用碘酒棉签擦了擦我的颈项，我突然害怕地哭了起来，使劲地摆着头，用手乱抓，要坐起来，可爸爸立刻按住我的手，妈妈抱住我的头。我使劲地用脚踢，可没人管我，朱阿姨又用棉球擦了一下，然后拔开针头的盖子，我哭得更厉害了，我求妈妈：“让我回去吧，我要回家，阿姨你别抽，我怕、我怕……”妈妈看不下去，转过头哭了起来。终于抽完了，我的喉咙，好痛又好干，声音也沙哑了，我还在哭。朱阿姨从配药室出来，拍拍我的肩膀说：“丰丰，勇敢些，没什么！”

一个好阿姨

5月8日　星期六　晴

今天下午，沙阿姨到我家看我们，还带了很多的东西，有两包是送给小妹的，一包给爸妈的，我的一包是一套水红色的裙子。她把东西给我们后，就和妈妈说话去了。沙阿姨可好了，尤其对我，她不管到什么地方出差或旅游，都不忘给我带点小礼物什么的回来，并讲一些出去后的所见所闻和有趣的事情给我听，让我长长见识。

不让爸爸妈妈担心

5月26日　星期三　晴

早上醒来时，感到很不舒服，想吐吐不出，想喝水，又没有力气，动不了。到学校后，还是不舒服，课也听不进去，连作业怎么做的也记不起来。放学回到家，饭也不想吃，只想休息，可是为了不让爸妈担心，我硬逼着自己吃了半碗饭，然后说：“我在学校买些东西吃了！”便跑进卧室。为了避免爸妈的追问，我把门上反锁了，然后软软地往床上一倒。八点多时，舒服多了，我这才起来看了一会儿电视。

心中有重任

6月11日　星期五　晴

今天早上我又发病了，爸爸把我从学校接回家休息，直到现在我才真正体会到，为什么妈妈经常哭，爸爸也很少开心地笑，原来都是因为我。我是不是很不孝顺，很不听话？不，爸妈都说我很乖，我一定要坚强，要继续治疗，好早点把病治好，治好后，我先想办法把账还清，然后赚钱养他们，还要让小妹读大学！

第一个志向

6月27日　星期日　阴

昨天抽血后，没有取结果，到了晚上，朱阿姨打电话来，叫我们今天上午到儿科办公室取，我们大家都很感激她。自我患病以来，她一直都很照顾我。她从来不摆架子、看不起人，无论你是大老板，还是穷百姓，她都一视同仁，现在，要是换了别的医生，我一定不适应，要是所有的医生都像朱阿姨那样就好了。因此，爸爸妈妈总希望我能成为医生，像朱阿姨那样，为那些患病的孩子治病，不让他们的父母担心。爸妈的苦心我理解，所以我打算，倘若以后真有可能的话，我会去做一个像朱阿姨一样的好医生！

苦　瓜　粉

7月2日　星期五　晴

今天一大早,外婆就赶来了。她除了像以前一样带一些我能吃的东西外,还带了一包“粉子”,妈妈拿过去一看,忙叫我拿碗来。我不明白是怎么一回事,只是照着做。我把碗给妈妈后,妈妈就用勺舀了一勺子,再倒进去一点水,用勺子搅匀,然后递给我。“妈,这是什么呀?”“这是苦瓜粉,吃了对你有好处的,快吃了吧!”接着又递给我一杯水。我苦着脸,干望着妈妈,可妈妈却不理会我,我又看着外婆,希望她能救救我,可外婆又说:“你听话,把它吃了,啊?”再看看旁边,爸爸又没在,唉,只有吃了!我用勺子舀起一点点,然后慢慢送到嘴边,瞧了好久,不情愿地放进嘴里然后马上喝水,就着水把粉子给咽了下去。第二口时,没咽下反而吐了出来,外婆赶紧给我喝水拍背,稍微好了一点,我以为她们不会让我再吃了,可是刚这样想着,妈妈又把碗递了上来……

有效的苦瓜粉

7月20日　星期二　晴

刚开始,一吃苦瓜粉就吐,吃完后极不舒服,现在好多了,而且我也积极起来了,不用妈妈督促了,因为我觉得还真有效,到现在,我已经好几周没发病了!我想,只要我坚持下去,病一定会好起来的!我一定要快点把病治好,然后就像平常人一样地生活,这样才对得起大家。

大腿抽血

8月5日　星期四　晴

今天抽血，抽了三针也没有抽到，手却弄得又酸又疼。最后朱阿姨决定抽大腿的血，我害怕极了，有一次是抽脖子上的血，害得我三天不敢扭头，今天又抽大腿，会不会……可转念一想，也没什么别的地方可抽了，谁叫我的血管不好找，经常被扎破，我只好答应。抽血时，我又哭了，还把妈妈抓伤了。从医院出来，我是趴在爸爸背上的！我的腿好疼啊！可……唉！算了，忍忍吧。就为了爸爸背我这事，我也该没有怨言啊！

外公外婆的爱

8月25日　星期三　晴

今天，爸爸带我回外婆家，一路上我不知有多高兴。到了外婆家后，我惊讶地发现，门前的土院里种满了苦瓜，连以前结葡萄的架子和树干，都被苦瓜藤代替了。爸爸说我吃的苦瓜粉，都是外公外婆辛苦地种、切、磨得来的。外公本来是最喜欢吃苦瓜的，可他却为了我，连尝也没有尝一下。我的高兴劲儿，顿时烟消云散，心里不知是什么滋味，只是呆呆地望着外公外婆，觉得很过意不去……

作文获奖

9月7日　星期二　晴

今天，我好高兴，好激动，因为我的作文获奖了，我可是第一次获这么大的奖啊！在去教务处领奖的路上，几个同学看着我议论，其中一个说："她就是刘丰！"另外一个跟着用惊讶的眼光看着我："她就是刘丰啊？哇噻！"然后就低声说开了。我从他们身边走过时，听他们说到了"作文"，我就明白了他们在说什么，心里面不由很甜。不过我还要继续努力，不能只得了个小奖就自满，而放弃了更美好的东西，我决不能做骄傲的大将军，最后一败涂地，为了美好的将来，刘丰，加油啊！

低血糖反应

9月16日　星期四　阴

昨晚可能药量过多了吧，所以产生了低血糖反应，当时我正在睡觉，忽然感到心里好难受，呼吸困难，手也在抖，我费了很大劲才喊了声："妈妈快来！"妈妈当时正在客厅里看电视，听见我叫后，慌慌张张地跑进来，见我捂着胸口，脸色苍白，连忙把我扶起来，给我喂水喝。好一阵后，我还没好转，妈急了："这可怎么办？你爸爸又不在家，妹妹又不懂事！我给你吃点糖吧！"我没有力气回答她，妈妈找来一小块冰糖放到我嘴里，我不肯吃，她却说："你不吃会出事的，再怎么着也得吃点呀！快点吃吧！"我吃后，果然好多了。这时邻居们都被惊动了，跑到我家来问情况。妈妈告诉他们说："她已经好多了，谢谢你们的关心！打扰了！"他们这才离开。

老师的背影

11月5日　星期五　晴

今天中午休息时，我觉得肚子很疼，便趴在桌子上休息，朱老师知道后忙打电话通知爸爸单位里的人，又给我倒水喝。可过了很久爸爸也没来，朱老师怕我支持不住，就背我往传达室跑。到传达室后，朱老师把我小心地放在沙发上，然后又给爸爸单位打电话，可打了几次都没人接。朱老师见我满头大汗，手紧紧地捂着肚子，便又背起我跑出了校门，搭了辆面的……把我送回家后，朱老师连水都没喝一口，就边擦着汗边回学校了。我躺在沙发上，手还捂着肚子，可我怎么觉得肚子没先前那样疼得厉害了，望着远去老师的背影，我流泪了，这就是我的老师！

苦瓜粉吃完了

11月27日　星期六　阴

终于把苦瓜粉吃完了，妈妈说，这包吃完了就再也没有了。我问她是不是我的病就要好了？妈妈说："还没有，只是外公家的苦瓜都用完了，就连这包也是外公外婆用钱买苦瓜来制成的。"我的心里很不是滋味，外公外婆为了我这样辛劳而我却偷偷把苦瓜粉倒掉一些，我对不起他们，辜负了他们。我一定要努力学习，还要把病治好，将来把外公外婆接进城里来享福！

2000年
自强不息

要终考了

1月1日　星期六　晴

快要终考了，同学们现在应该在为考试准备吧，而我却在这个时候住院了。这次考试我可能考不到第一名了！其实成绩好差并不重要，重要的是不让朱老师担心就好了！朱老师最近身体不好,可她还坚持给我们上课,帮我们复习,还时时刻刻牵挂着我的病情。我一定要快点好起来,让朱老师少一分牵挂。

朱老师病了

1月14日 星期五 晴

今天上学,见到朱老师,她的感冒还没好,她还在咳嗽,可她见我来了,忙关心地问:"今天好些了吗?"我说:"好多了,谢谢您的关心!朱老师,您买药了吗?要不然回去休息吧!"朱老师笑道:"没事,我没事的,你来了,准备上课吧!"我答应着,刚一转身,朱老师又说:"这几天有些冷,你要多穿几件衣服,免得又着凉了!"

我又考了第一名

2月3日 星期四 晴

今天上午,通知书发下来前,我心里特别紧张,因为这个学期我经常缺课,有些内容没有学到,恰好考试又偏偏考到了这些内容。当我拿到通知书,见到我的成绩又是第一名时,我纳闷了,不过有一点我清楚,第一名是我糊里糊涂考得的。

我成了医院的知名人士

3月2日 星期四 阴

昨天,妈妈陪我到中医院去住院,遇到了一个护士,她朝我看了看,问妈妈:"这个孩子是不是得糖尿病的那个?"当她知道是我后又问:"她现在怎么样?"妈妈笑着回答了她。那位护士摸了摸我的头接着说:“加紧治疗,一定能治好的,这么可爱的孩子,老天爷一定会怜惜她的!”她说完向妈妈点点头道别了。妈妈笑了笑转过头对我说:“你看看,经常往医院跑,差不多和医生护士成亲戚了。”

谎言也是爱

4月3日 星期一 阴

其实,不用爸爸妈妈说,我也早知道了,我这病是一辈子的事,根本就无法治好,即使以后治好了,也不能像其他人一样吃这吃那的!爸爸妈妈说能治好,是为了宽我的心,也让他们自己有个希望。外公外婆经常对我说:“忍一忍,治好了,就能吃了。到时你想吃什么,我们就给你买什么。”他们说这些话时,我也非常明白。还有一些大人也对我说:“能治好的!”他们要么真的不知道,要么就是骗我的!我这病现在还不能治好,我知道!这些话也只不过是善意的谎言罢了,是对我的安慰,即使这样,我也很感谢他们。

懂得坚强

4月22日 星期六 晴

早上一醒来就感到不舒服了,还没有把衣服穿好,就吐了出来。幸好爸爸与妈妈还在睡觉不知道,不然他们又要操心了。我勉强起来漱漱口,喝点水,待我好点了,我立即把吐出来的脏东西除掉以免被爸妈看到,我不想让他们再为我担心了!

与书结缘

5月3日 星期三 晴

今天,我与爸爸在书店转了半天,爸爸花了很多钱给我买了几本绘画的小说。虽然我们家现在经济很困难,可爸妈一听到我要买书,不管多少钱都要给我买,就凭这一点,我也要努力学习,等我长大以后,好让他们享享清福。

坏事变成好事

5月19日 星期五 晴

我突然觉得自己长大了很多,和从前的我比起来,简直一个在天上,一个在地下。这大概是我得病的缘故吧,虽然得病不是一件好事,也没有人愿得,可今天外婆就是这么夸我的,是它让我懂得了大人的苦心,知道了大人的难处。看来,我得这病,还不至于没有一点好处,我要不要谢谢它呢?嘻嘻!

让关心的人永不失望

6月13日 星期二 晴

这个学期很快就要结束了,我现在得赶快抓紧时间,认真复习,争取考出好成绩,才对得起老师、爸妈、同学和关心我的人,我相信,我不会让他们失望的。

学会打针

6月30日　星期五　晴

近一段时间来，妈妈经常说，要我自己学会给自己打针，说是以后到外地读书或做什么事都得自己干这些事。开始我以为我年纪还小，离这事还远着呢，可是，今天晚饭前，妈妈硬是教我如何用镊子夹针头，往注射器上装，如何抽药，抽多少，如何选注射位置，如何消毒、注射等。待妈妈把药抽好，在我肚皮上消毒后，硬要我自己注射下去。我拿着注射器心里真害怕，手在抖，泪水在眼眶里打转，真不知如何是好。换作别的孩子，十一岁，或许还在撒娇，可我望着露出的肚皮足有五分钟，妈妈还说了些什么我也不知道，当爸爸走进来时，我才回过神来，听妈妈还在说："下针吧！"要是平时，妈妈早就不耐烦了，可是今天妈妈忍着了。我希望爸爸能给我解围，而爸爸并没有说什么，只是说："胆子大点，你会的。"我知道没有退路了，只有往前冲，我抬起手准备下针时，爸爸问："消毒了吗？"我说消毒了，爸爸要妈妈再消毒一次。我壮着胆把针头对准已消毒的肚皮，眼睛看都不敢看，轻轻向下按注射器，只觉得肚皮被什么碰了一下，妈妈帮我把装在注射器里的药推进皮下，就像平常爸爸妈妈给我打针一样。妈说我很坚强，爸也说我勇敢。我拔出针头，用棉球在肚皮上按了按这才松了口气，心里也才感到轻松。看不出来吧，我会打针了。

老师都会关心学生

7月6日　星期四　晴

今天在新华书店遇到杨婷，她告诉我，下学期要分班，我感到不安，因为我舍不得朱老师，再说如果我被分到别班，我发病时可怎么办呢？回到家，我坐立不安，做什么事也没有兴趣了。爸爸见我不对劲，过来问我，我把这事告诉了爸爸：他安慰我说："没关系，老师都会关心学生的。"听了这话，我才放心点。

分班的担心

7月8日 星期六 晴

今天，我又想到了分班的事，万一我真的分到了别班，还会不会有像朱老师这样对我好的老师呢？

又见朱阿姨

8月26日 星期六 晴

昨天感冒后，我的头就一直在疼，今天又住院了，早上朱阿姨来看我，问我还有哪里不舒服，并像责备似的说："你都这么大了，得病也好几年了，应该知道自己的情况，要好好保重才好。"她还像生气一样地"打"我，可是我心里挺高兴，朱阿姨这是关心我才打我的！她给我检查完了后，又拿来一杯水和一小包药，并要我多休息，好快点好起来，不要影响开学后的学习。

朱老师也住进了医院

8月28日 星期一 晴

今天打完针后，我从儿科病室出来经过内科病房时，无意间看到了我的班主任朱老师也在住院。我和妈妈走进去，朱老师见是我们想坐起来，被妈妈制止了。朱老师说她是贫血，我就对她说："朱老师，您一定要早日治好病，开学后好给我们上课。"老师笑了笑，泪水却在眼眶里打转，她吃力地抬起手搭在我身上，对我说："你别担心我，我很快就会好。倒是你，可要照顾好自己呀，好早日到学校学习，知道了吗？"

朱老师的话像暖流

8月29日 星期二 晴

今天上午，我在病房看书时，朱老师提着吊针瓶到我的病房看我来了。妈妈让朱老师坐下，把她的药瓶子与我的放在同一个架子上。妈妈与老师谈开了，多是关于我的情况。老师说："这个孩子，上天是要历练她，好让她以后干大事！你放心吧，现在的科学技术在不断提高，过不了多久，这病或许就能治好了！"临别时，朱老师又反复嘱咐我："你要好好保重自己，该休息的时候就休息，可别硬撑着！"朱老师的话似一股暖流在我心窝里旋转着，我一定不辜负老师的一片心意，我要用优异的成绩报答老师们。

我分到了别的班

8月31日 星期四 晴

今天到学校报名时，我真的被分到别的班去了。我叫爸爸给我转回181班，可爸爸打听情况后说："这个班的两个老师都不错，就不要转了吧。"爸妈带我到188班报名时，把我的情况介绍给新老师，我却躲在一边生气。过了一会儿，妈妈把我叫过去见见老师，两位老师都看着我说："看起来挺可爱的，没什么事呀，怎么就……？"其中有位较年轻的老师好像姓刘，她还叹了口气。我知道是什么意思，心里虽然不想让人知道我有这病，可我却不怪爸爸妈妈把这事说出去,他们也是为我好呀。以后我如果发病了,也不至于让两位老师莫名其妙呀!

万一我失明了怎么办

9月14日　星期四　阴

今天中午做作业时,我感到眼睛疼,看东西模糊,有两三个影子,尤其是黑板上的字,我一点也看不清。我想,万一我失明了怎么办?我会不会变成父母的累赘?想到这里,我哭了。黎文芳老师过来问我是不是不舒服,我没有回答她,因为我好害怕!黎老师再三问我,我才告诉她:"我看不清字了。"黎老师忙打电话告诉了我爸爸,通知他快来接我。可黎老师怎么会知道我家的电话呢?晚上,我躺在床上,我又想起白天的事,我问自己,万一我失明了怎么办,是沉溺,还是逆境中奋起?面临问题的时候,一个有责任心的孩子会找到正确的人生航向,我心中有了主意。

哪里都有爱

9月18日　星期一　晴

住了三天院,昨天终于出院了。今天来学校上课时,遇到了黎老师,她看见我就问:"你好了?怎么不多休息几天呢?等休息好了再来读书也不迟啊!"听了老师的话,我好感动,原来黎老师和朱老师一样地关心我,我发病了她也很担心!看来,老天爷对我还是很好的,无论我在哪里,爱都在我身边。

购书记

10月4日 星期三 晴

今天上午，爸爸带我去书店给我买了几本辅导书和一本《糖尿病人的饮食》，我首先翻了翻《糖尿病人的饮食》，记住了一些，就放在自己的书架上了。我现在最要紧的是把因生病时落下的功课赶上来，不然我会掉队的，我还会对不起黎老师和刘老师！

爱学习的爸爸

11月14日 星期二 阴

今天放学回到家，我看见爸爸又在书房里急着抄关于我这病的医学知识，还有药方。说真的，自我患病懂事以来，就很少看到爸妈开开心心地笑过，妈妈整天提心吊胆的，现在爸爸还在为我学习。虽然我家欠了别人很多很多钱，他们都从来不跟我说，怕我学习时分心，而且我要的东西，他们总是很及时地买给我！这个情，我真不知道怎么还……现在看到爸爸这样辛苦，我的心里更不是滋味了！于是我倒了一杯水端给爸爸，爸爸一开头还没注意，后来看到是我，先是一惊，然后就笑嘻嘻地喝了。唉，可怜天下父母心。

半夜发病记

11月19日 星期日 雨

昨天半夜，我的腿突然疼起来，头像快要炸开了，我受不了啦，我叫醒了爹妈。他们见我一手捂着腿，一手抱着头在床上打滚，就匆匆穿了衣，把我送到了医院。等我醒来时，天亮了，爸妈靠在床边睡着了。朱阿姨坐在我的床边，她见我醒了，就问我好点没有。朱阿姨哈欠不断，显然是没休息好。后来才知道是护士阿姨半夜打电话把朱阿姨叫来的，朱阿姨来后，又是做检查，又是照顾我，忙到三四点才睡了一会儿！

爸妈的心愿

11月20日　星期一　阴

今天下午打完针我就出院了。结账时，遇到朱阿姨，她说："你们的情况我们都知道。这孩子也不是一天两天的事，钱对你们来说非常重要，很可能在必要时救你们的一家人的命，你们还是别交这么多了，把钱留着点用吧！"这时，我才彻底地明白为什么爸爸妈妈都希望我长大了能当医生，他们要我像朱阿姨一样成为病人的白衣天使。

比海深的东西是人的心灵

11月25日　星期六　晴

一个上午，爸爸都在书房里抄关于糖尿病的一些资料，吃午饭时还不肯停下，我叫他几次他似乎都没有听到。看到爸爸这样，我心里既高兴又难过，我为有这么好的亲人而高兴，而为自己的不幸难过，想到平时自己不舒服时与他们顶嘴就更不好受！不过我相信他们一定会原谅我的。天下的父母都是一心为儿女好，对于儿女们的过错也总是给予宽容，有哪个父母会为了一点小事而与儿女们斤斤计较呢？

2001 年
生命的驱动力

山高不如天大

1月3日　星期三　阴

今天中午，我在学校帮黎老师填表时，听到刘明霞老师和别的老师谈话。刘老师说我怎么懂事，怎么坚强，那些老师都点头称赞。可我却不好意思，我没有刘老师说的那么好！刘老师她只看我的优点，讲我的成绩，却从不计较我的不足。她这样讲我可能会飞上天的。唉，一个人爱另一个人爱到深处，往往会忽略这个人的不足。黎老师和刘明霞老师会不会是这样呢？

看刘老师不遇

1月9日　星期二　晴

我跟妈说，刘老师病了好几天了。今晚爸妈就带我去看她，可是我们按了很久的门铃都没人开门，我们只好回家。在回来的路上，妈在不停地念叨老师的好处，要我记在心里。还叫我下个星期上学去问一问刘老师的情况！

有一种关切叫心疼

2月13日　星期二　晴

今天下午，我和妈妈在街上遇到朱灵芝老师了。朱老师见我就笑，还拉着我的手问长问短，并要我学会自己照顾自己，朱老师说:“你不照顾好自己,到时就不是你一个人难受了。”我知道老师说的是爸爸妈妈,所以我答应老师叫她放心。分别时老师又对妈妈说:“你们一定要想办法尽早给她把病治好,免得她再受苦!其实说真的,她比你俩受的苦要多得多!”每次听到朱老师的话,我就十分感动,我仿佛明白了这世界上,有一种关切叫心疼。

但愿承诺无价

3月8日 星期四 阴

听妈妈说,长沙的医生要我们一家人去长沙给我查病因,所以爸爸最近又在凑钱。我知道爸爸最近老是很晚才回来,并且还很累。爸爸妈妈,我从心底谢谢你们!我能有你们这样的父母是我前几世修来的福啊!你们放心吧,我一定会努力学习,长大了考名牌大学,找个好工作,赚钱养你们,让你们享享福!你们为我操劳了这么多年,到时也该我为你们出点力了!

妹妹的关心让我激动

3月17日 星期六 阴

今天早上,我又发病了,可是爸妈都出去办事了,身边只有妹妹一个人。妹妹见我双手捂着胸前的衣服,没待我喊她,她就给我倒了一杯水,颤颤地递给我,待我喝了水后,她又要我睡到床上去。见妹妹这么体贴细心,我真的相信爸妈说的那句话了。我的妹妹还只有二岁多啊,就对我这么好,真让我感到高兴,而且我也更加铁了心要好好地培养她!

有人说我很坚强

3月24日 星期六 晴

昨天,爸妈带着我和妹妹从长沙回来,这次又为我花了几千元钱。在湖南附二医院看了病,周教授说我很坚强,并鼓励我坚持打针,还送给我一支注射进口胰岛素的笔式注射器,我还学会了注射进口胰岛素。我想这种药的效果应该比以前的要好些吧。

父母的爱是一样的

4月8日 星期日 晴

今天,同病小朋友开心和她的爸爸来我家看我,爸妈给他们讲了我这次在长沙检查的情况,并拿出周教授送给我的“笔”让他们看。钟叔叔说他也打算把开心带去检查,可见父母的心情都是一样的,都希望自己的儿女健康幸福,真是可怜天下父母心啊!

困境中的爱

4月16日 星期一 晴

昨天晚上,朱阿姨来看我们,她带了很多糕点给妹妹,又给我买了一套衣服!朱阿姨真好,她不但不小瞧我们穷人家,还三番五次帮助我们。她以前也来过几次,每次都给我这,给我那,可走时却两手空空,我爸妈都感到不好意思,觉得对不起她,可她却从不放在心上!

爱就是力量

6月1日 星期五 晴

可能昨晚睡晚了，今天早上又起得太早了，所以我一到学校就肚子疼，可我又不愿回家，只有硬撑了。可到第二节时便感到有点吃不消了！我不想再让老师们为我操心了，还有爸妈，他们都已经够辛苦了。好不容易挨到中午这才好些，今天能忍下来，全在于那些关心我的人给予的鼓励和我自己的毅力。

全职爸爸

7月19日 星期四 晴

爸爸真是个全职爸爸！他不仅进得了厨房，入得了厅堂，而且学识也挺渊博的。他今天闲着没事就教了我怎么分析作文题目，怎么布局。他讲得虽然不如老师详细，可也挺让我受用的。他讲得很耐心，并不时地问我懂不懂，还给我布置练习题！在我心里，爸爸永远是最棒的，也是最值得我信赖的！

两个落汤鸡

8月11日 星期六 晴

今天，妈妈带我和妹妹到河边洗衣服，我和妹妹玩得可开心了。小妹很调皮，一个劲地给我浇水，弄得我的头发、衣服都湿了。我也不甘示弱，朝她猛浇。她嘟着小嘴跑去告状，我一见忙跑去拉她，可她却乘我不备用水使劲一泼，还害得我差点栽了跟头。我走过去想找她的“麻烦”，可她竟溜走了！玩了一个上午，

从河边回来时，我和妹妹都成了落汤鸡。哈哈，真开心！

不能迷失方向

8月28日 星期二 晴

今天下午，我家来了两个人，他们是来做入教宣传的。他们对我爸妈说了很多关于入教的好处，什么“人丁兴旺，趋吉避凶，消灾免祸。保你们一家心想事成，洪福齐天”！他们要我爸妈和我入这个什么教，说入教对我们有好处，教我们一家一点坏处也沾不上边，他们只是想传个名，救人于苦难之中。他俩劝了好几个钟头，又举了好些例子，可爸妈还是笑着把他们送走了。我觉得爹妈做得很对，虽然大家都急于给我治病，但是我们不能盲目啊，我们只有依靠科学才有可能治好我这种病，绝不会相信入了什么“圣教”病就好了。所以，我们绝不能因为求医心切而迷失了方向！

一份鼓励

9月2日 星期日 雨

今天又开学了。我到教室看到刘明霞老师在忙于接待学生和家长，她见我到校了，很高兴，并鼓励我继续坚持学习，战胜困难。刘明霞老师的话虽不多，却让我感动不已。

针开始扎到脚上

9月8日 星期六 阴

真倒霉，生病住院了不说，连打针也倒霉，手上到处打不进针,只有打脚了,左脚也扎了两针才扎到位。这下可麻烦了,整只脚都露在外面,神经也绷得挺紧的,脚动也不敢动,连大便小便都是妈妈和护士抱我进厕所的,我感到挺难为情,可没办法,也只好委屈她们了!

朱老师补课去了

10月6日 星期六 阴

昨天放学时,我和柏婕商量今天上午去看朱老师。我们到她家时,她不在家。听她丈夫说,朱老师给一个学生补课去了。我们没有久等,就回家了。没有见到她,我心里有点难过,不过我们内心还是很激动的。朱老师一点儿也没有变,还是那么为学生着想,也不知道是哪家的孩子,这么有福气。

老师都是为学生好

10月24日 星期三 晴

今日下午,刘老师把我叫到她办公室,问了我的一些情况,她还对黎老师说了一些什么,还说了好一会儿。我不知道两位老师在说什么事,可也没有问她们,因为,我明白,该知道的,老师会给我们说的。不该知道的,问了也白问。不过我清楚,她们都是为了我好。

好 心

10月26日 星期五 晴

这两天我一直都在想黎老师和刘老师嘀咕的事,今天中午让我解开了谜团，黎老师对同学们说了很多表扬我的话，然后动员同学们都来帮我，方法是收集废物让我卖钱。我从内心感谢老师和同学们，我有这样的老师和同学们，真是我的福分，同时我告诉自己绝不能辜负他们的一番心意。

处处有好人

11月28日　星期三　晴

不知怎么搞的，最近，我成天心里都感到不舒服。今天，妈妈不放心让我上学，便把我带在身边。在街上我一个人玩时又发病了。幸好周围的人很热心，帮妈妈为我跑这干那，他们直到我有所好转才散开，可我连句谢谢也没有来得及对他们说。

2002年
生命的风帆

开心小妹妹

1月1日　星期二　晴

今天是元旦，开心没事来我家玩了，我和妹妹都很高兴。看到她可爱的样子，想到她与我小小年纪就得了这样的病，我感到很难过。她真天真！不知道我那时是否和她一样？在我的记忆里，我只晓得那时我在长沙住院时的一些大概状况！今天我们玩了好半天，从楼上玩到楼下，又从楼下玩到楼上，大家都很开心。我们还在书房里比画画，比写字，当然是由我做裁判了，谁叫我最大？望着两个小家伙那股斗劲儿，我真的好欣慰，我也好像变小了好几岁！

同学们的爱

2月20日 星期三 阴

放假这么长时间了,我都有些想学校、想老师和同学们了。这学期,他们帮我收废品的事让我不能忘记。我家经济困难,为了减轻一点家里的负担,我有意无意地捡废旧物品去卖,后来不知怎样被老师知道了,老师就要同学们帮我捡。每天中午,同学们满校园地找,捡到后就给我。有时捡不到,他们就买了瓶矿泉水,把水倒了,把空瓶给我。当然他们做这事时是躲着我的,可还是被我无意间发现了。当时,我还讲了他们的不是,而他们只是一个劲地笑。这是多么好的同学啊!可你们也别做让我折寿的事呀!

妹妹要我讲故事

3月9日 星期六 晴

白天里,我和妹妹玩了一个下午,到了晚上,一向要妈妈陪着睡的妹妹突然不要妈妈陪了,而叫"姐姐",这下可乐坏了我。要知道以前我连守在她旁边也会被她赶走。我赶紧跑到那边和她说了会儿话,妹妹要听故事,我马上从书房里找了本书拿过来,找一个好的讲给她听,妹妹居然听着听着就睡着了,不哭也不闹了。妈妈说这样子才是她和爸爸所期望的事,只有我们姐妹的关系好了,才指望妹妹以后照顾我呀。

我和爸爸争书看

4月6日　星期六　晴

星期二中午休息时，我见前面的同学看课外书看得入迷，便借过来看看，原来是《上下五千年》。他见我这么喜欢，就答应借我两个星期。自从我第一册借来后，除了上课时间外，我都在看这书，它让我忘记病痛，忘记对发病的恐惧。好书真是一剂良药啊。《上下五千年》实在太好看了，星期五回来后，我都没有吃饭，妈妈当时还以为我哪儿不适，急得不得了，可后来知道是书惹的祸时，她哭笑不得。昨天，爸爸拿了这本书看是什么魔术让我如此着魔。可是……哈哈，活该，也着魔了吧！谁叫你手痒痒呢，哼！于是我和爸爸为了看书还争了起来，妈妈从菜地回来，见我俩争成这样竟被逗乐了。

书虫爸爸

4月22日　星期一　阴

因为这几天功课比较紧张，所以《上下五千年》被爸爸独占了。星期三时爸爸把第一册还给我说："你明天帮我把第二册借来吧！"我答应了一声没在意，可他却急了，围着我嘀咕个不停！我实在受不了，就帮他借来了。今天放学了回到家，一进门就听他叫："刘丰！"见到爸爸时，他把手向前一伸。我没反应过来，只是往书房走。可他又说："书呢?"我这时才想起来，从书包里取出来递给他，他一把抢了过去，就开始"啃"了起来。那样子，我都自叹不如！

善解人意的妈妈

5 月 1 日 星期二 晴

放“五一”长假了，我总算可以放心大胆、痛痛快快地看《上下五千年》了！真没想到爸爸和我想到了一块。这也难怪，有其父必有其女嘛！妈见我们如此着迷就说：“算了，老借别人的也不是办法，咱们自个儿省点钱买一套吧，没事儿了就翻一翻！”一向都很节俭的老妈也这么说了，我和老爸当然乐开了花。

《上下五千年》买到了

6 月 11 日 星期二 晴

今天，妈妈告诉我说，《上下五千年》已经买到了，但怕我拿到书后就不安心学习了，所以把它放在四外公家，等放假了再去取！真的买到《上下五千年》了，太好了！知道吗，以前我好几次问他们，可他们都说没买到，后来我都差点忘了。今天终于听到这消息了，我能不激动吗？真想快点放假，我和爸爸就可以一饱眼福了。

无言的感激

6 月 20 日 星期四 阴

今天，我从一小走出来，与以往的心情不一样，我已经小学毕业了。今天，是与我小学老师说声再见的时候了。回想在小学的这几年里老师无微不至的关怀，特别是朱老师和刘老师的严格要求和周到的照顾，每每想起，我的心就暖暖的！这么多年来，我若没有老师的关心是不可能顺利走出这校门的。我只有努力学习，才对得起关心我的这些老师啊！

妈妈借书

7月11日 星期四 晴

妈妈为了给我打好基础，以便读初中后减轻一点学习负担，特意向一位老师借初一的数学、英语课本和英语磁带。早晨，妈妈就出了门，傍晚才回家，妈妈没钱坐车，也不想坐车，走了一天的路，回到家连饭都没吃就睡了。我问妈妈，妈妈只说腿有点痛，可我看得出来，妈妈太累了，真苦了她！

爸妈要借治病的钱

2002年7月11日 星期四 晴

爸妈又要带我去长沙了，说是长沙的医生要为我作系统检查，还要我的直系亲属也去。为了这事爸妈愁坏了，因为我们没有那么多钱，他们商量了好几天，准备又向他们学校借，不知今天是不是能借到钱。

我们还不了他的情

7月19日 星期五 晴

爸妈从他们学校又借来了4000元，上次借的4000元还没有还呢！爸妈的领导们真好，为借钱的事，爸爸都感动了。他说："张校长太好了，我们还不了他的情。"

我应该记情

7月20日 星期五 晴

今天，我们全家同外婆到长沙，目的只有一个，为我的身体作全面检查，这是医生的要求，查看我的病是否是因为遗传而引起的。虽然我知道，我的亲人都没有这种病，但我们也只有听医生的话，照医生说的去做罢了！去年暑假到长沙时，只查出我的胰岛完全丧失了功能，不知今年能否查出点别的情况呢？不过，不管怎么样，大人们这样做也都是为我好，我应该记情！

屋漏偏遭连夜雨

7月24日 星期二 晴

昨天我们一家人平安从长沙回来了。可是爸爸的眼睛在长沙检查时发现有问题，医生说要花一万多元开刀治疗。这真是不幸啦！爸妈哪里有钱啊？真是屋漏偏遭连夜雨。面对接二连三的打击，我不知爸妈是如何承担起的！今天妈妈硬着头皮给她学校的领导说了我爸的情况，学校的张校长等领导们一致同意又借给我们一万元钱！

我要多喊几声爸妈

7月27日 星期六 晴

妈妈陪爸爸去长沙几天了，不知爸爸怎么样了，这是我第一次与爸妈分开，离开他们的时候心里多么难受！今天夏钰喊他爸爸时，我就想，我的爸妈在身边时，我也要多喊几声。

轻松的心

7月29日 星期一 晴

今天一早,爸妈从长沙回来了！他们一到家,妹妹就向妈妈哭诉,说二叔给我们喂猪没有喂好,小狗也不见了……妈妈抱着妹妹逗了一会,又问了我的情况才开始谈别的事。我没有让他们担心的事发生。妈妈对外婆和二叔谈了治疗我爸眼睛的情况,知道爸爸一切顺利,我的心才轻松了一些。

VCD寄托的希望

8月2日 星期五 晴

爸妈商量了好几天,要给我买VCD,专门供我学习英语、数学。今天终于买了！光买VCD就花了那么多钱,又买了两套光碟,这一下,足够让我们全家勒紧腰带过一个多月了！可爸妈并不后悔,还很开心:“只要你好好学习,懂得上进,我们就算喝西北风也心甘!”爸妈就是这样,哪怕再困难也会毫不含糊地掏钱给我买书和学习用具,多么伟大的爱啊！放心吧,爸爸妈妈,我会加油的,我不会辜负你们的厚望!

安慰

8月5日 星期一 晴

这两天,我天天都看VCD,学习一两个钟头,我发现这比老师上课更有趣,更清楚,也更方便。英语光碟里面会时不时地冒出一幅图画或播出一个小故事,数学光碟里的例题讲析思路清晰，条理清楚，步骤也很简洁明了！能够用光碟和 VCD 学习，我很高兴，可是，苦了爸妈啊！唉，我真不孝，都这么大了还让爸妈奔波，为难！妈妈好像猜透了我的心思，安慰我说：“只要你好好读书，比什么都好！”就为了这句话，咱也得好好学呀！

我成了初中生

8月31日　星期六　晴

今天开学了，我已迈入初中校园的大门，到十一学校报了名，成为一名光荣的初中生！我很高兴，这是我的又一个新的起点，是我人生中的又一块重要里程碑！十一学校很美丽，也很宽敞，听爸爸说，它还与北京的十一学校结成姊妹学校！学校坐落在爸妈的工作单位旁边。这样也好，我如果在学校发病了，出了校门就有爸妈照顾我，比起以前方便多了。

爱的重演

9月12日　星期三　阴

也许是上体育课时跑了三圈，跑得急了点儿吧，所以晕倒了，这可是我进入初中以来第一次发病啊！等我醒来时，爸爸站在我面前，很焦急的样子，口里还喘着粗气。身旁是王静和王锦霞两位同学，听她们说，是体育老师把我背出来并通知爸爸的。看到大家这么关心我，这么热情地帮助我，我很高兴，很感动也很惭愧。

班集体的温暖

9月13日　星期五　晴

昨天回家休息了半天，回想当时昏倒的情形，确实很感人！当时，我们跑步完了来到双杠前，我的心已经很难受了。我吃力地伸出左手搭在站在我前面的王萌肩上，然后就感到脚下有双手在拼命把我往下拉，我想挺住，站可是无论怎么用力也不行，于是我双脚软了！就在这一刻，我听到周围很多同学吃惊的问话和他们的脚步声。大家一定都很着急！果然，早上刚进教室，很多同学就围过来了，他们都询问我的病情。大家看起来就像一家人一样，这使我心里暖暖的。

捐款感想

9月19日　星期四　晴

只有生过病的人才更懂得健康的价值，才更珍爱生命；也只有生过病的人才更了解生病的人的心。所以，面对这次为向浩博同学募捐的活动，我哭了，为一个花朵般的少女的不幸而哭了。今天我捐的不多，才13元，可我很伤感。难道真是好人多磨难吗？向浩博这么优秀，怎么就得了癌症呢？也许真的只有经历了风雨，才能见彩虹吧，可这风雨也未免太狂太久了吧！

坚信生命

9月25日　星期三　晴

今天中午，看了一则关于医学方面的新闻，我相信，在不久的将来，打败人类疾病的“四大杀手”已不再是难题，这样，我也可以获得重生。而且听妈妈说，现在世界上正在研究Ⅰ型糖尿病的根本病因，并取得了一定成果，科学家研制出了一种新药物，正在做实验，相信很快就有结果了。听妈妈这么一说，我就更加坚信这一点了。

爸爸的眼睛治好了

9月29日　星期日　晴

爸爸前天去长沙复查，今天清早就回来了。一到家，爸爸就说他的那只眼睛视力恢复到了0.6，为他治疗的曾教授都感到兴奋。妈妈更是高兴，一连说了几个“那就好”。看来好人终有好报这话不假。

月　考

10月9日　星期三　阴

开学一个月了，学校组织了一次月考，我只考了第十六名。其实成绩的好差并不重要，名次也无所谓，主要还是得学到知识，尽自己的最大努力。我特别喜欢英语，陈俊虎老师很不错，或许是我新学的缘故吧。陈老师刚上课时，说一大通英语，他讲得好流利，让我好生羡慕。而且他为人很好，对我也比较关心，能有这样的好老师教我们，我一定会进步的。

我当上了学习委员

10月10日　星期四　晴

昨天，谷老师来到教室，宣布了几件事后，郑重其事地说："经过一个月的观察，精心地筛选后，我任用下列同学为班干部。"

听到这里，我心里一下子有了许多想法与感慨，如果被选上了，该怎么向妈妈解释呢？她一直反对我当干部，怕把我的身子累垮。如果没选上，同学们又会笑话我！……我到底选上了没有？一时间，矛盾、焦急、不安、忧虑一下子涌上了心头！结果究竟怎样呢？我努力控制住自己，竖起耳朵认真听。

"肖白云，任班长兼语文课代表。甘新平，任体育委员……"这两个人，是一开始老师就任命了的，可是，一定不会只有这么两个"官"。下面，一定是别的"官儿"了！我评上了吗？如果评上了，我担当得起吗？妈妈能原谅我吗？这一刻，许多思想在我脑子里闪过，一时间，我手足无措，不知如何是好。

"……学习委员，由——"老师故意拖长声音，将全班扫视一遍后，说："刘梅来担任。另外呢，负责交历史和政治这两门课的作业。"当老师念到我的名字时，我脑子一片空白，脑袋"轰"的一声炸响，心不由自主地"怦怦"直跳，连我自己也可以看到胸膛的起伏！也就在这同一时刻，全班几乎所有的眼睛都在看我。惊奇，羡慕，同学们的表情各不相同。出于本能反应，我低下了头，心里又高兴又担心，然而更多的是羞愧，我刘某人何德何能，居然当上了"学习委员"，唉——

过了好一会儿，我的心平静了下来。仔细想想后，我突然觉得肩上扛的担子挺重的！唉，要想当好这个学习委员，可真不容易呀！

我又昏倒了

10月14日 星期一 晴

在今天早晨的升旗仪式上，我又昏倒了，大概是我病情加重所引起的吧，这可把老师和同学们吓坏了。谷老师急急忙忙赶到我身边，把我背出操场，让我在传达室休息。我想喝水，他就给我倒开水，又拿一个空杯子轮流倒来倒去，把水弄凉了让我喝。谷老师虽然很年轻，可他的动作却很熟练，酷似我老爸，这对我战胜疾病又增添了不少信心和勇气。

表 扬

10月20日 星期日 阴

今天，学校开了家长会，把同学们的学习情况和家长的教育方式作了介绍。听妈妈说，谷老师还特别提到了我，他说，我很勤奋好学，还很坚强，并让家长们要同学们向我学习。我听了喜滋滋的，当然，有谁不想听好听的话呢？更何况，只有搞好与老师和同学们之间的关系才更有利于学习、生活。

吃 糕 点

10月27日 星期日 晴

我有八年没有买糕点吃了，我每次想买时，妈妈都说我这也不能吃，那也不能碰，可是今天，太阳从西边出来了——妈妈专门给我买了一盒糕点，原来这是没有糖的，我可以吃，我不知有多高兴啊！我把糕点盒拆开，分给妹妹一些后，和妹妹一同吃了起来。其实妹妹能吃的东西比我要多得多，她吃的时候也会给我，当爸妈在时我不能吃，爸妈不在身边时，我有时也偷偷地吃一点，可吃后就出麻烦了！记得有一年中秋，爸妈他们学校发了月饼，我偷吃了半个，第二天就发病了，爸妈把我送进了医院，他们看到我成了这样，既心痛又后悔，反复讨论的话题就是，今后不买那些东西吃了，也不把它们拿回家。就这样，我以后真的没有再看到这些东西了。妹妹有时吃的也都是别人来我家时带来的，爸妈一看到这些东西就对客人说不要，孩子吃不得，可不知道的客人还是硬留下来，尽管这样，我也只有盼望的份儿。今天，妈妈给我买的糕点多好呀，以后我也有糕点吃了！我真的很感谢妈妈！

主持晚会

11月2日 星期六 晴

为我们代课的彭老师和李老师今天就要回他们的学校了。昨晚，我们全班为他俩开了个欢送会，由王锦霞、向乐和我主持，欢送会开得很成功，大家的激情也一直都很高。晚会上，同学们各显神通，表演得相当出色。我们还请来了李先安老师，请代课的老师和李老师为我们演唱！晚会过程中，我们还做了好几个有趣的游戏，把晚会一次又一次推向高潮！晚会结束了，可我还意犹未尽，真盼望下一次的晚会演出快点到来，好让我学到更多的社会知识，也得到更多的锻炼。

不能言败

11月10日 星期日 阴

再过几天就要中考了，可我偏偏在这节骨眼上又病倒了，妈妈说我应该注意到的,可为什么不小心呢?我的心情格外沉痛,妈妈,你怎么就不多多鼓励鼓励我呢?上午还有几位同学陪我住院,她们不也掉课了?她们这是为了谁呢?在病床上,我想向妈妈解释清楚,可我没有,因为妈妈的话也有一定的道理。这次中考是我进入初中阶段以来的对以前的学习情况的一次测验,一次练兵,我不该在这时退下阵来,一定要在中考前出院,我要参加中考!

母女情深

11月18日 星期一 雨

昨天下午可能着凉了吧,所以到学校上晚自习时,我的头就有些疼了。晚自习下课后,我就勉强撑着,才慢慢地挪回家。到家以后,我的头开始炸疼,我用手揉,用清凉油涂抹,还用热毛巾敷,什么法子都试过了,可就是不见好,我疼得哭了!母女命相连啊,妈妈见我这么痛苦,也哭了。情急之下,她给我喂了安眠药,我才硬挺了过来。

人生是公平的

12月26日 星期四 晴

终考已经倒计时了,我得加紧学习。这没什么,可问题是我每次只要睡不好觉,再加上白天又劳累,就会发病!谷老师送我回去时对我说:“你这种情况,别累着了!该休息的时候就什么事也不要做,什么事也别想,安安心心休息。只有休息好了,才能学习好呀!你最重要的是身体,书嘛,身子养好了再读也行,别急!”他把我送到家后,又跟爸妈商量了一些事,好像都是关于我的。其实,上帝也算很公平了,他虽然没给我健康的身体,让我无法像正常人一样生活、学习，但他又派了这么多使者，一路保护我、照顾我！

2003年
幸运星

到市里办事

1月4日 星期六 晴

今天，我又和爸爸去了趟市里，想再找几家商量帮购胰岛素的事。我们走了很多路，一会儿绕到这条街，一会儿又拐到那个巷，额头上的汗直往下淌，到后来，还是一无所获！看到爸爸焦急的样子和疲劳的神情，我的眼眶湿润了，不知该说什么。

我是个矛盾儿

1月12日 星期日 阴

也许这场灾难要由我来化解吧！为什么我每到一处，都给人们带来灾难和痛苦呢？为什么？难道说我是人类的"灾害"吗？为什么我不管怎样做，都不对呢？为什么？

我刚来到人间时，就发生了水灾，大水淹没了我可爱的家园！

我们一家人来到县城的第二年，我又患了糖尿病，成了我家的灾害！

我九岁时，却又是一场百年一遇的"七二二"特大洪灾！

现在进入初中了，我又成了74班的祸害！我当了学习委员，却因此班上拿了倒数第一！我辞了学习委员后，不仅自己开始玩兴大发,班上的男同学都开始当众吸烟、酗酒、打架……

我该怎么办？谁能告诉我？谁来帮助我？也许我只有用死来洗脱罪名吧？可我真的不愿,我对这人间太眷恋了。可是如果我活着,可能会发生更严重的事情……可是,他们的事与我何干,我干吗要这样,老天为什么要制造一个多愁善感的我？这不是存心捉弄我吗？唉！也许是我人善好欺吧！可是我真的很不甘心,很不甘心！

我还有很多事没有做！我的美好理想还没有实现！我的病还没有治好！……许许多多个“我的”,千千万万个“还没有”,我怎能轻易放弃,我怎能说死就死？我不甘心！

我现在心里矛盾极了！我到底该怎么办？我想哭,可是:(1)哭并不是解决问题的办法;(2)哭对我的身体会有害;(3)我答应过外婆,凡事想开点,不哭,不气;(4)如果我哭了,外婆就会因我而哭！我会很自责的！

到底我应该怎么办呢？(1)我不想死又不想……(2)我想转班却怕……(3)我想尽早治好我的病,可是现在……(4)我想重拥父爱、母爱,可他们……(5)我想……

许许多多个“我想”,又有千千万万个“又”、“却”,难道这就是我的命？难道我要认命才会摆脱困扰？

那次升旗

1月13日 星期一 晴

我有许多美好的回忆,它们就像海滩上的一颗颗贝壳,美丽无比;可也有一件件伤心痛苦的往事,它们在我心中刻下一处处永远挥之不去的伤疤。我心痛。但是在我心中更多的,还是我对原班主任朱老师的感激之情。

记得那是一个星期一的早晨,同学们都快速奔向操场,去参加升旗仪式,由于我身体不舒服,便坐在教室里看书。这时,我的一个好朋友用惊奇的目光看着我，问道：“你怎么不去操场升旗呢？升旗仪式每个人都要参加的！”我一听，像是椅子长了钉子似的，一下子站起来和她一同飞快地向操场奔去，看到鲜艳的五星红旗冉冉升起时，我好激动。

当鲜艳的五星红旗升到旗杆顶没多久时，我突然头脑发昏，晕倒在操场上。这时，站在最后面的朱老师发现了我，立即将我抱起，焦急地跑回教室。到了教室，朱老师见我脸色苍白，嘴唇无色，怕我有什么意外，便又背起我向医务室跑去。到了医务室，朱老师把我轻轻地放在椅子上，又为我倒水、扇风、开药，忙得不可开交。看着朱老师那焦急的样子，我真想一下子扑到朱老师怀里大哭一场，对她说：“朱老师，谢谢您，您真是我的好‘妈妈’！”

后来，朱老师经常为这件事责怪不已：“唉！我真是一个不称职的老师。如果先前我发现了你，你就不会晕倒了！……”

我爱蜡烛

1月14日　星期二　晴

有人爱鲜花，有人爱地位，还有人爱金钱。你要问我爱什么，我爱的可多了，有书、画、鲜花、自然，可要问我最爱什么，我可以自豪地说：“我爱蜡烛！”

昨晚，又停电了，亏了我白天提前买了几支蜡烛，不然，又像前几天了。当时，我们一家人正津津有味地看电视，突然，停电了，我拿出蜡烛点燃，顿时，屋里亮堂了。虽说，它没有电灯那么亮，可是，它给我们带来了光明。我注意地看着蜡烛，觉得它变得愈来愈伟大了。它将自己的光亮无私地献给别人，而自己却愈来愈短，光亮愈来愈小。蜡烛就在这短短的几十分钟中渐渐地结束了自己的生命，它的一生，是平凡的，也是伟大的，它照亮别人，却牺牲了自己，正如诗句所说：“春蚕到死丝方尽，蜡炬成灰泪始干。”

看着蜡烛，我想我们中国从古至今，具有这种蜡烛精神的人真是不可计数，他们未必为多少人知道，却默默地、无私地献出自己的一切，直至生命。比如说：古时候，多少士兵，为了国家，为了人民，投身服役，上阵杀敌，牺牲自己，以达到自己的志向——报国；近些年，有多少仁人志士为祖国的建设抛头颅，洒热血；现在，不仅各级干部兢兢业业，尽忠职守，带头为百姓办实事，办好事，就连在各岗位上的工作人员和老百姓，也不甘落后，努力工作，劳作。学校为国家培养出了大批的人才，农业科学家研究出了大量的优质农作物，我们的国家日益昌盛！

我爱惜蜡烛，更爱具有这种蜡烛精神的人！我愿这种精神永驻人间！

我真是该死

1月16日 星期四 阴

今天下晚自习回来，看到妈妈早已睡了，我知道妈妈肯定又是胆结石病发了！妈妈的结石已经很大了，经常疼得她死去活来！医生叫妈妈去开刀，可是她考虑到我们家现在的情况，就是不肯去，实在受不了了，就吃下药后睡去了。刚开始时，吃些药还能撑一会儿，可现在吃药也没用了！而我呢，明知道妈妈这样还经常惹她生气，我真是该死！

与外婆卖废旧物品

1月18日 星期六 晴

上午外婆从乡下来了，又带了一尼龙袋的“娃哈哈”瓶子等废旧物品。吃过午饭后我们便去卖废旧物，换来的十三元钱，外婆一把就塞进了我的口袋，还说："有什么事时好用！你爸妈最近没钱，工资也没发下来，银行里的贷款又急着要还！他们没时间看管你，你要自己照顾好自己！……"

爸妈上西界种苞谷去了

3月8日 星期日 晴

今天，爸妈一大早就上西界种苞谷去了，到了下午四点多才回来，忙了一整天，中饭也没回家吃！妈妈是个病秧子，腰也不能弯，去了也只能给爸爸做个伴而已。爸妈这么辛苦为了谁？还不是为了我呀！所以，我一定要努力学习，决不能辜负了爸妈。

入团志愿书

4月25日 星期五 晴

我很早就想入团了。今天，谷老师要我写份入团申请书，可我不知道该怎么写。午餐时我对爸爸说了，想请他帮我写，可是我爸爸却说："你就要成为我的助手了，哪有助手请上级写申请的。"我挺生气的，认为他"见死不救"。爸爸看了看我，又对我说："共青团员是党的得力助手，这是团的章程，你还是多学习吧，不要急着写申请。要多想想自己做得如何，达到入团的标准了没有，如果没达到，今后是否能达到。"我这才明白了爸爸的用意。

过 关 记

4月30日 星期三 阴

在谷老师的再三催促下，我终于把申请书写出来了，不知道行不行，趁中午吃饭时我鼓足了勇气把申请书递给了爸爸，让他帮我参谋参谋。爸爸看后只帮我改了个错字，就说基本格式是对的，今后就看我的行动了。我蹦跳的心这才稍稍平静点，我知道爸爸说这句话的分量，我不会辜负老师和爸爸的希望。我会用实际行动向组织交一份满意的答卷。

一路有爱

5月2日 星期五 晴

妈妈说，她昨天上街遇到了姚老师。姚老师仍然很关心我，问了好多我的事，最后还塞给了我妈妈一百元钱！妈妈对我说："你可要好好记住姚老师的恩情呀！好好读书，长大了报答人家，知道吗？你千万不要忘了她，辜负了人家呀！"即使妈妈不交代这些，我也会记住这些关心我、帮助我的人，我会努力读书的，你们放心吧！有爱的日子让人太伤感。

团结出自信

5月21日 星期三 晴

今天中午，班主任给我介绍了一个病友——初一年级英语组的组长——仇武勋老师。仇老师看起来气色很好，红光满面的，我和仇老师谈了很多，基本上都是围绕这个病。他告诉我他打算和其他几个病友成立一个“糖尿病病友协会”，把糖尿病患者团结起来，相互鼓励相互进步，我听了很感动。这次谈话后，我的心情开朗了很多，也自信了很多！

自学

5月26日　星期一　阴

我今天不知怎么搞的，一大早起来，整个人死气沉沉的，脑子里一片空白，什么也不知道，什么也想不起来，呆呆地坐在床上，心里怪不舒服，想吐也吐不出来！后来，连自己是怎么来学校的也不记得了。整个上午，除了语文课稍稍清醒外，其他的大概总共只听进去10%吧。更糟糕的是，数学成绩一向较好的我连作业也不会做！唉，只好清醒一下后自学这节课程了。

妹妹的节日

6月1日　星期日　晴

今天是“六一”儿童节，我一大早就盘算着送什么礼物给妹妹好，可是最后还是两手空空的。不过没关系，她还不懂事，不会发火！再说，陪她疯了一天了，也算是礼物吧。可话又说回来，虽然是这个理儿，但是我还是觉得亏欠妹妹的！从小到大，她从来没嚷嚷着要我们给她送什么好玩意儿，也不计较吃的穿的都没有人家的好，有时我发病了，她比爸妈更着急，我哭了，她比我哭得更伤心！有这么个懂事的妹妹，真是幸运！

我要学的东西还很多

6月21日 星期六 晴

这两天总是昏昏沉沉的，想干这事却朝那边看，想写日记，却又打不开日记本，是太累了还是因为别的事情，或者是我病了？不不不，我不能胡思乱想，不然的话没病也会吓出病！我看还是先休息一下吧！睡了一个下午，现在终于清醒了。看来我确实太累了，我得好好休息休息，可是还有太多的知识要学，没时间啊！

妹妹的心

6月25日 星期三

今天是妹妹的生日，我本想回去陪陪她，可还是打消了这个念头。这两天由于用脑过度，请的假已经够多了，再说，后天就要考试了，我得抓紧时间！至于妹妹的生日，回去给她道个喜，赔个礼也就是了！本以为小妹会怪我，会罚我，可她却完全出乎我的意料！我还没来得及赔不是呢，她就说："姐姐，你读书读累了吧！姐姐，我不要你给我买东西，你留着钱自已用！"真是我的好妹妹，姐姐没看错你！

体会快乐

7月1日 星期二 阴

上午，大表姐来了，我和妹妹高兴得蹦了起来。我们三个看电视、逛街、写字，好不快活！虽然表姐现在十五六岁了，进了高中，比以前成熟了，可只要我俩在一起时，就有说不完的话，逗不完的乐，两人看起来跟小孩子没啥区别！也许这就是天性吧。

玩通宵

7月20日 星期日 阴

昨晚，大表姐、二表姐和我达成协议：玩通宵。我们一边玩，一边吃着枣子。不一会儿，一大盘枣子吃了个底朝天。可还没过12点，她俩就先后败下阵来，害得我一个人好不寂寞！今早醒来后，我们就在床上议论纷纷，一会儿说二姐不够义气，一会儿又说大姐不通情达理。我最行了，一直坚持到两点才睡，怎么样，很棒吧！或许是吃枣弄的，害得我现在肚子痛。唉，不管了，先睡一觉再说！一觉醒来，已是晚上6点了。好热啊，一摸，竟出了一身汗！起来坐坐，看看电视，嘿，没事了！不过为了安全起见，枣子还是不能再吃了，以免又犯肚疼！

爸妈准备修猪栏

8月2日 星期六 雨

这些天一直天晴，爸妈都在为建猪栏平场子，忙得不可开交。今天下雨了，我想他们总该休息一下了吧！爸爸上午睡觉，吃中饭还不想起床，可妈妈没有停止做家务活！如果不是因为我，他们也不至于这么劳累。我无法减轻他们的劳累，只能帮他们洗洗衣服煮煮饭。

我们仍要活下来

8月3日　星期日　晴

我早上打针时，发现注射器坏了，怎么挤也挤不出药来，这可怎么是好？我忙叫来妈妈，妈妈一看也傻眼了，当即用血糖仪为我测血糖，血糖仪显示出“HI”字样，是血糖值高于33.3无法测出了！妈妈吓哭了，忙打电话叫开心妈妈带开心来救急，又打电话给正在乡下的爸爸，谁知妈妈耳朵里传来了外婆被车撞的消息！妈妈匆匆安顿好我后，就去伺候外婆了！爸爸说外婆当时正在路边捡垃圾，被一辆摩托车撞倒在路边，右手臂骨折了。爸爸妈妈和两个舅妈把外婆送进医院住下后，爸爸又借了钱急匆匆地赶往长沙去给我换注射器！这一天，我们家发生了这么多的事，不管怎么不幸，我们仍然要照样活下来。

外婆的爱，沉甸甸

8月6日　星期三

今天我好不容易说服了爸爸，让他带我到医院看望外婆。到了医院后，我看到外婆无精打采地躺在床上，脸上一点血色也没有，左手打着点滴，右手……我的鼻子一酸！再想到外婆是为了我才去捡垃圾被车撞的，我就忍不住哭了起来！外婆强忍住疼痛，劝我别哭，还说：“我没事了，没事了，我好好的没事，再过几天就可以出院了！”听外婆这么一说，我更伤心了！下午爸妈在一起说这事时，不小心又让我给听到了。妈妈说：“她就是不开刀！医生们都叫她早点开刀，可她讲‘不’，她讲她自个儿都一把年纪了，花这号钱不值，要把钱攒给我们，叫我们给丰儿买药！……”外婆都成这样了还想着我，我要是不把病治好，不发奋读

书,怎么对得起外婆?

外婆出院了

8月10日 星期日 阴

今天下午,我正在屋外头看书,看到妹妹一蹦一跳回来了,她一见我就说:“外婆回来了!”我往她身后一看,没人!我以为她骗我,可她说:“就在后面!”等了一会儿,真的看见妈妈搀着外婆一步一步走来了!我立马跑上去接。自从上次看外婆时发病后,他们都不放心让我去了,我一直都很担心外婆,很想再去见见她,可就是不能。今天见外婆气色好些了,人也有了点劲儿,我这才安心点。

一车的希望

8月15日 星期五 晴

今天,我又与妹妹在家煮了稀饭等爸妈回家吃,到太阳西沉时,爸妈才疲惫不堪地乘一辆拖拉机回来,车上装满了苞谷棒子,这是爸妈一年的劳动成果!我虽然不知农事,可我知道“粒粒皆辛苦”啊!这一车苞谷是爸妈收获的希望,更是他们勤劳的结晶。

讨饭也要供你读书

8月30日 星期六 晴

开学了,可家里没钱给我交学费!爸妈辛辛苦苦积攒下来的一点钱又用来给我买药了,还向别人借了很多,在这种情况下,爸妈哪里还可以拿出钱来供我上学呢！又向别人借？可爸妈这些年来到处借钱,早已债台高筑！不读书了？我不甘心,爸妈也不会忍心。他们多次对我说:“就是讨饭去,也要供你读书!”究竟该怎么办呢？爸妈商量后,只有“碰碰运气”,到学校跟领导和老师说说,看看能不再通融一下。也只有这样了!

感 谢

8月31日 星期日 晴

今天,爸妈同时出动,带我去学校报名,可是没有交一分钱。学校给我减了一百多元,剩下的就都打了欠条。领导和老师们都同意我先读书,认为学生不管怎样都该读书,就这样,我又坐到了教室里。看到分别了一个月的老师和同学们,我好高兴,好激动,也从内心感谢学校的领导和老师。要不是他们同情我,我可能就失去了学习的机会了！想到这儿,我的泪水情不自禁流了出来。我一定要好好学习,用优异的成绩证明给他们看:他们没有看错我,他们的苦心没有白费!

好想给老师送礼

9月9日 星期二 晴

明天就是教师节了。中午时,有同学在议论着给老师送点什么,我也想了想。我能给老师送点什么呢？我没有钱,爸妈的钱也很紧,维持生计都举步维艰,而且我从小学读书开始到现在,我们就从没给老师送过东西,就是对我再好的老师也没得到过我送的小小礼物啊！好想自己变成一个活钱包。要是我这个活钱包真的能从里面取出钱的话,我一定会给老师们送礼物的,只可惜不能,我这个钱包只进不出！这个教师节恐怕又得两手

空空了。

保健品

10月2日 星期四 阴

今天,幼儿园的谷老师带着院长来了我家。院长人挺随和,而且也很热心,当她从谷老师那儿得知我的情况后,决意来看看我,并且向我们推荐一种保健品。我们都很感谢这些热心人,但我们很清楚地知道:光靠保健品是不管事的,它只能起调节、保健的作用,无法用它来取代胰岛素。当然,当今的社会,是不断发展进步的,各种顽疾也总有被彻底击垮的一天,我们应当承认这点,相信这点!

一路幸运

11月28日 星期五 阴

这两天,幸运之神一直伴随在我左右,并带给我意想不到的惊喜,我差点没招架住!先是昨天下午,谷老师找我,叫我下周一进行一次国旗下的讲话,主题是“自强”,我当时就明白了班主任的意思!我很激动,因为这是我进入初中以后第一次在全校师生面前讲话。我一定要好好做准备!再就是今天上午,上语文课,张国民老师也找我谈话,他让我参加作文补习班,还说是学校联系好了的,免费!我知道,其实不管是张老师个人帮我联系的也好,还是学校帮我联系的也好,我都应该感谢他!知道吗?这两个月来,我一直都想参加作文培训班,可是我知道,我家没有这个条件。今天张老师这么一说,我简直不敢相信!谢谢您,张老师,您看见了一个孩子的心啊!

爸爸忙着修猪栏

12月24日 星期日 雨

昨天下了雨,今天我起床时就听妈妈说:幸好昨天我们把猪栏上的瓦盖好了,不然里面的地板又打不成了。这些天,爸爸一有空就为盖猪栏忙去了,天下雨,他也有事做了,还是不能休息,手上的茧有好厚了,如果天气继续冷,爸爸怎么受得了呢?

2004年

博爱颂

我家又添一笔账

1月3日 星期六 雨

今天我放学回家正遇上爸妈买了两头猪回来,是永康的爸爸帮我们拉到家来的。永康的爸爸是个好人,我爸经常请他给我们拉东西,有时他给我们垫钱不说,连运费也不要。我问妈妈:"你昨天不是说猪栏建好了,就没钱买猪了,怎么今天买了两头猪呢?"妈妈说,买猪的钱是从她们学校黄生荣叔叔那里借的1000块钱。黄叔叔也多次借钱给我们,这一来,我们家又添了一笔账,不知何时才能还清。

老师们对我太好了

2月14日 星期六 晴

这学期开学已一周了，挺想到快速作文培训班学习，可我觉得很不好意思，上学期老师就已经给我免费了，我在那里白学，他们从没说过什么埋怨话，还热心地帮助我、教导我！我已经给他们添了麻烦，现在怎么可以再去打扰他们？可是话又说回来，我挺想再继续学下去！那儿教的知识很丰富，很实用，老师讲的课也很精彩，我现在写起作文来，思路也宽了，不再像以前一样，拿着一个框架往上套！我还想跟着那些老师学更多的知识。

犹豫了好几天，我还是没拿定主意，谁知昨晚，廖老师竟打电话到我家，叫我今天去上课！我真不知该说什么好，老师们对我太好了！

母　爱

2月22日 星期日 晴

世上有一种爱叫母爱。母爱是人类感情的精华，是天地万物的灵性。

母爱是一条缓缓的小河，它轻轻地流着，慢慢地洗着——洗掉你的任性、倔强，洗掉你的自负、自卑，洗掉你的冷漠、无情，洗掉你的暴烈、罪恶。它洗得那样认真，那样仔细，任何一点儿瑕疵也容不下，任何一点儿尘埃也躲不掉。

母爱是一座巍峨的高山，它稳稳地立着，立在你的眼前，立在你的心里，还立在你的行为中。它是正义的象征，在它面前，你无所遁形；它是靠山的另名，你的成功，你的名望，都是它在幕后为你加油，为你掌舵的结果；它还是你的路标，当你在人生的旅途中迷失方向时，它告诉你方向，指引你前进。大山的信仰是正义的信仰，是崇高的信仰，当然，也是爱的信仰。它爱护它的每个子孙后代，爱护每个它爱的人。

母爱是一阵清新的晨风。早晨醒来，晨风送你抚爱，让你忘却昨日的疲惫与忧愁；早上出门，晨风又赠你自信和力量，使你精神百倍，即使泰山崩于前，大概也不会改色。

母爱是一堆燃烧的木炭。寒冷时，它带给你温暖；天暗时，它送给你光明。这样，你就不会再感到寒冷、孤独与害怕！

母爱是万情之首，它崇高、美丽、圣洁，它的延续，才能引领其他爱的精灵，才能筑成美丽的人间天堂！

我得了一本书

2月28日 星期六 大雨

今天在快速作文培训班上，王老师当着全班的面表扬了我，还奖励我一本书，是著名作家彭学明著的《祖先歌舞》。接过书，我百感交集。王老师还鼓励我继续努力！他们不仅不因为我是个病秧子，需要时不时照顾我而嫌麻烦，还如此地鼓励我，我从内心谢谢您，老师！

都是我不好

2月28日 星期六 晴

因为学校也要补课，所以我改在下午去快速作文班补习。今天五点多才回到家里。到了家，听妈妈说她和爸爸去西界干活去了，妹妹一个人留在家里，中午又没饭吃！等他们回来时，已是四点多了，妹妹在家里饿得哭了起来，可又没人管理！这都是我不好！

北京的希望

3月2日　星期二　晴

我很快就有可能去北京了，这对于我来说确实值得一喜。听王老师说，这次活动如果顺利的话，就能去北京参加“中国小作家协会第一届代表大会”，意义重大；不过这是次要的，最主要的还是像王老师说的那样：“争取到了北京，把你的情况跟那儿的编辑说说，没准感动他，就答应帮你向社会呼吁。”我相信只要我诚心，这件事一定能办到，到时若是引起重视，各界人士都来帮忙，也好减轻家里的负担，所以我要把自己平时记的日记整理出来，打印成册然后带到北京去！

仇老师的爱

3月4日　周期四

今天中午，我又遇到了仇老师。他问我最近身体好些没有，成绩怎么样，还问：“那本书你看了吗？有什么想法？”我说：“挺好的，只是没办法按上面的做。”他后来又说了许多关于控制病情的事，说得很详细，很认真，就像关心自己的女儿一样。说起仇老师，我就满心感激！不说刚认识的事儿，就说后来吧，他把自己编写的初一英语复习资料给我送了一份，叫我试着做，还留下电话号码以便联系。这本《糖尿病人的饮食》是他的一个亲戚带给他的，他看了觉得很好，便借给我，书里面还有他圈的重点，好让我阅读时节省些时间，仇老师真是用心良苦啊！

寻找的途中，一路有爱

3月6日 星期六 阴

我一直在寻找，寻找能左右自己命运的天使，求他带我脱离痛苦的深渊。在幼儿园时，我就已患上了糖尿病，从此，我们一家人开始了漫长的寻找历程。爸爸先后带我到市里、省里、省外等多个地方求诊，可是一无所获，他们都只是说："试试看吧！"我开始消极。就在这时，姚桃英老师走进了我的生活。她经常单独给我讲故事，让我明白道理，给我增添战胜病魔的勇气和信心，她还三番五次地跑到我家看我，给我买漂亮的花衣服、花裙子，慢慢地，在姚老师和风细雨般的教诲下，我过早倦怠的心开始平静下来，我开始学习书法，我渴望尽快长大。

读小学了，我继续耐心地寻找，整个心思都放在这上面，以至于学习时无精打采，学习成绩也老是上不去。后来，朱灵芝老师的教导和一个惨痛的分数让我明白了，我不能光靠寻找过日子，与其成天忧心忡忡地生活在虚无缥缈的幻境中，倒不如踏踏实实地学习，长大后，找份好工作，赚很多钱给自己治病！于是，我开始努力读书。朱老师也为我感到高兴，不断地鼓励我，还多次让我代表班级参加学校的各种比赛，每次拿回奖状时，我总能望见朱老师欣慰的笑容。

五年级分班时，我和朱老师分开了，虽然很舍不得，但又遇到了另一位好老师——刘明霞。当时，爸妈为了给我买药，又借了很多钱，为了减轻家里的负担，暑假里我经常顶着烈日捡破烂卖。后来刘老师知道了，她和黎老师商量后，决定发动全班同学来帮我，当我听到这消息后，泪水像决了堤的洪水一般泄了下来，我太感动了！可以说，小学六年是我人生的转折点，几位老师是我性情改良的向导，也是我日后能顽强地同病魔斗争的一大动力。

上初中后，我更加努力地学习，同时也更加积极地寻找。这时，我又结识了好些关心我的人，谷老师、仇老师、张老师，还有很多同学，他们都用自己的言行帮助我、鼓励我，为我撑起又一片天空。爸妈也从来没有放弃哪怕千分之一的希望。

每次一听说某某地方某某医院能治好我这病，便东奔西走地到处筹钱，然后带我去诊治。每次望见爸爸日渐苍老的脸庞，妈妈额上过早镌刻上的皱纹，我的心里只有无言的辛酸。为了我，爸妈倾注了全部的爱，虽然每次都失败了，但他们并没有因此而消沉，反而更加增添了信心。曾几何时，我发现原来每个关心我的人都是我生命的天使，他们拯救了我的心，我的思想，我的品行！

我一年又一年，寻找着，寻找着，一路有爱，一路有歌，那是天使向我发出战胜疾病的召唤！

我的小妹刘丁溢

之歪理篇

3月13日　星期六　雨

在上次的作文中，我的小妹一定给大家留下了“好印象”吧，你们一定会觉得我家小妹是个小可人吧！其实她呀，不仅惹人喜爱，还挺叫人无可奈何呢！哼，满脑子的歪道理，居然还挺受欢迎的，真搞不懂！

顺水推舟

一个晚上，我家一伙人都呆在客厅里忙着。小妹眨着她那双水灵灵的大眼睛望着妈妈，足足有十分钟，然后，突然张口说：“妈妈，你钩这个包包干什么？”妈妈说：“可以装东西呀！”又怕打翻醋坛子，就连忙添了句：“你也可以用啊！”妹妹一听，带劲儿了：“那你装的，我也可以用吗？”“当然！”“喔！”妹妹故意应了一声:"妈妈装的钱,我也可以用喔?"大家本来都自顾不暇,可这会儿,听了小妹的一番话后,都被逗乐了。她呀,还挺会顺水推舟的!

啼笑皆非

小妹经常和我要嘴皮子,每次都是以她胜利而告终,不是因为她的"见解"站得住脚,而是因为她的逻辑思维太"发达"了,我真自叹不如!就说上次吧——

我教她学画简笔画,她开头还很认真,可后来就成了猴子屁股了!我就借题发挥:"有只小猴子掰了许多玉米,可是肚子偏偏还咕咕地响!"坐在对面的妈妈一听,瞅着小妹笑了起来,小妹挺"精",知道我在说她,就亮出了她的杀手锏——哭鼻子,妈妈怕闹得"满城风雨",就哄她别哭,她见有人撑腰,居然反击我了:"你肚子还饿吗?厨房里有冷饭!"妈妈一听更乐得不行了,可我呢,唉,哭笑不得!

现学现卖

小妹的嘴皮子十分了得,为此我吃了不少的苦头,现在,我又想了一招,保管她……哼哼!

"丁溢,你是不是个垃圾(le se)?"

"……"

"是,对吧?"

"垃圾(le se)是什么?"

"垃圾(le se)嘛,你看,就是让人看了很快乐的颜色!"我闷在心里发笑:"笨!"谁知半路杀出一个程咬金——正当我暗自高兴时,妈妈横插一刀:"丁溢,她糊弄你的。垃圾(le se)是垃圾(lā jī)!"

小妹睁大眼睛不说话,脸飞红,妈妈偏向了她一边,就帮她和我对着干:"这是真的!"

我本以为她又会哭着闹着要打我,谁知她却一点也不"软

弱”,竟迸出了一句令我始料未及的话:

“你这个大垃圾(le se),还不滚回垃圾堆里去!”

唉,无可奈何,我又败下阵来了,我气不过,可是,我还是挺爱她的,因为她是我家的开心果嘛!

我要勇往直前

3月14日　星期日　晴

今天一大早起来就开始呕吐,弄得自己精疲力竭不说,还害得爸爸妈妈为我担心,饭也吃不下,我真是过意不去! 来我家做客的二婆说她知道一药方,兴许对我这病管用,并答应下次配齐药后托人给送来,这大概是天意吧,让我们又有了一线新的希望! 尽管我们早就晓得治愈的可能性很小,但是我们从来没放弃,今后也决不会放弃,只要有一线希望,哪怕是上刀山下火海,我也会勇往直前!

一件美事

4月3日　星期六　晴

今天下午,快速作文班的王老师和沙阿姨来过我家,他们还带来了一位叔叔。听他们和爸妈的谈话的口气,好像是来推销饲料的。后来,妈妈说那位叔叔是明珠饲料公司的蔡总,听王老师说了我家的情况后,来我家看看,蔡总愿意赊给我们饲料,待猪出栏了还饲料款,这可是一件美事。

人生是一道题

4月4日 星期日 晴

人的一生就像一道数学题,几件事情组合起来就成了一个条件,几个印象深刻的年号、人、物就形成了一列数据,生活中遇到的一个个难题,一件件麻烦事,和数学题绕着弯子的暗示一样,要解答它总得先想方设法"敲门问路"。当你得出最后答案时,人生就已成了笔记,记在了后人的习题簿上了。

在读条件时,我们一定要认真、仔细,努力寻出隐含着的条件,把它找出来,或许原本很复杂的题就迎刃而解了。如果我们头脑不清楚,看题目也含糊不清,很有可能陷入一个僵局,一种困境,这就影响了你的解题思路、方法和结果,甚至还会一个红叉便注定了你的命运。

每件事都会发生在相应的年月、人物身上,就像每个条件都会伴有一两个数据一般。在分析数据时,我们要想到它们之间的顺序与关系,要弄清它们间的内在关联,这样才有利于我们更好地解答人生习题!

有些人的人生可能只是简单的加减乘除,没有难度,没有新意,做完之后立马忘却。而有的人,他们的人生习题却综合了多种运算法则,多种弯弯绕绕,最后在一个很小的字眼里得出了答案,这样的习题才能给人留下深刻的印象,才能锻炼出聪明的大脑、勤劳的双手和结实的脚板!

也许有的题目只有在做的过程中才会有趣、有益、有意义,而得出的结果竟是那么枯燥无味,让人厌烦。但是,既然它是道题,那我们就应该好好地做,认真地做。

既然人生是道题,那我们就该好好地分析它,认真地解答它,勇敢地挑战它!不要害怕刚得出结果人生就已完结,因为我们已经求解过它,掌握了它;也不要害怕最终它会成为别人习题簿上的一道题,而自己却两手空空,因为我们也曾经拥有了它。有创意的题目能促进数学领域的发展,有意义的人生也能推动人类社会的进步。

再试一回吧

4月6日 星期二 晴

听爸爸妈妈说,昨天的化验结果有所好转,血糖只有9点多了,这也就是说,二婆的药挺不错的!吃了不知多少种药方,也不知苦了多少回,这次总算没有白忙!记得吃药前去化验时,血糖有16点多,而才吃了两个星期,血糖就降下来这么多!爸妈一商量,决定再买几服来吃,兴许真的就好了!虽然这药很难吃,比吃苦瓜粉还"厉害",但是我还是答应再吃几服,毕竟我们等病好这一天已经等了九年了,九年啊!现在有了一条路、一个希望摆在我们面前,我们怎能轻易放过?这么多的坎坷路都走了,这次又抱着再走一次弯路的念头,再试一回吧!

心 墙

4月10日 星期六 晴

曾经有一段时间,我的心里充满了阴暗,对于身边的一切美好的光亮的东西都产生极大的反感。我恨,恨他们,恨上帝为什么要让我小小年纪就得接受命运的挑战?为什么我不能像其他的孩子一样快快乐乐地生活呢?我整天都处在黑暗、阴冷当中。

在一个阳光明媚的早上,妈妈陪我到医院打点滴,本来我的心情就很差,再加上这大晴天的,我就满肚子的火,恨不得和别人拼命!我板着脸,被妈妈拉到了病房,看到一张张整洁、白净的床铺和一堵堵粉白刺眼的墙壁,我先是气不打一处来,然后就越想越伤心,这分明就是在嘲笑我,戏弄我!我前世是造了什么孽啊,上天非要在今生这么折磨我、惩罚我?明知道我对这些东西反感,偏偏还来刺激我!我越想越来气,最后就开始哭泣。妈妈见我盯着床位和墙壁哭,也就明白了,她没有说什么,或许她是不知道怎么说吧!

这时,走进来一位阿姨,她个子跟妈妈差不多,身材也和妈妈一样,但比妈妈年轻,打扮得比妈妈漂亮。她一进来,妈妈就叫:"朱医生,你来了!刘丰,到这儿来看医生。快别哭了!"可我却不去理她。我朝这位阿姨瞟了一眼后,又把视线移到了病床上。但朱医生并没因我的无礼而恼怒,她走到我身边蹲下,眼睛平视着我,用手给我理了理额头前散了的头发,笑笑说:"你叫刘丰是吧,好好听的名字啊,谁给你取的?"我看到了她那和阳光般灿烂的笑,我很反感,我没有理会她。她还是没发火,只是拍拍我的肩膀说了声:"好好治病!"然后就走了。

这一天我就只早上见了她一面,其他时间就再也没看到她了。照道理说,我应该很讨厌她,很不想见到她才对,可是为什么我这一天都很想再见到她,耳边也总是响起她的话:"好好听的名字啊!""好好治病!"这时,我开始对自己的举动不满起来,我暗暗告诫自己:不要这样!不要把自己好不容易建起来的心墙一下子又推翻了!虽然如此,可我还是忍不住想着这位朱医生灿烂的笑容和温暖的话语,我很希望第二天能够看到她。

第二天,我的行为和思想都有点"不正常"。我不想去医院看那个让我反感的病房,可我的脚却没往后退。我想再看到朱医生,再听她说"好好听的名字",可我又怕看到她!同样还是个晴天,可我却没有像昨天一样厌恶它了。

到了医院,我又见到了朱医生,她还是笑,还蹲下来跟我说,只是说的不一样,她说:"你是个很可爱的小女孩,我挺喜欢你!你很勇敢,很坚强!"我听了好感动,还没有几个人在我如此无礼之后还夸我"勇敢"、"坚强"!我望着朱医生,她也正望着我笑,她笑得好甜好美啊!我再也不管什么心墙了,也不再讨厌那些美好的光亮的东西了，我的心已彻底融化了，心中最阴冷的角落也洒满了阳光，充满了温暖。我冲她笑了笑，她很开心，摸着我的脸，还说：“你很听话，很懂事！要好好和我合作，快点把病治好，知道吗？”我使劲点点头。

打完点滴回来，太阳很明媚，照在人身上很温暖。我很高兴，我精心地构筑的牢不可破的心墙，在朱医生温柔的话语中，顷刻间轰然坍塌，我的身子像插上了翅膀一样轻，我笑着朝阳光跑去。

永远不要说放弃

4月11日　星期六　晴

一路走来，我不知经历了多少风风雨雨，身体上已是伤痕累累了，然而我的心并没因此而沉到谷底，反而更加激发了我向未来迈进的步伐。我知道，这份动力来自于日夜为我操劳的父母，经常帮我、关心我的长辈、同学。

七岁那年，我的病情急剧恶化！医生建议爸妈让我马上住院，以免再耽搁，可我却死活不同意，不是我怕打针吃药，都这么久了，我早已麻木得不知道疼了，而是因为……我想在家里过个生日！我早就想要过生日了，我的愿望很快就能实现了，我怎么可以就这么放弃了？那我先前的努力岂不是白费了吗？我扯着妈妈的衣角，噙着泪水望着她说：“妈妈，我不去住院！我要在家里，我要过生日，我要过生日！……”妈妈蹲下来，深情地望着我说：“你看看你这样子，叫我和你爸怎么放心？我们还是去住院吧！”

“不，不，我不住院，我要过生日！……”我哭着叫着，使劲地扯着妈妈的衣服，“妈妈，等我过完生日再去医院吧？妈妈，好不好？我想过生日！唔……”妈妈哭了，爸爸的眼睛也有些红了，最后，他们还是答应了我。

离我的七岁生日还有七八天,可我已经有点吃不消了。整个人就像一个泄了气的气球,浑身上下没有一点力,脸肿得发亮,手也肿得像熊掌!整天都软软地躺在床上,偶尔才硬撑着坐起来看会儿电视,可还没五分钟,又支持不住了!我就这样一直挺着,爸妈几次又来劝我去住院,可我就是不依,我总说:"爸爸妈妈,我要过生日!我能撑下去的!"

终于等到过生日了,我感觉自己已经等了好几年了,但我也显得有些力不从心了。这天爸妈请来了好多的亲戚,说是要好好给我过个生日。我虽然好感动,可已经连呼吸的力气都快没有了,还怎么回答他们?我使出了吃奶用的十二倍的力,才撇了下嘴巴!爷爷、外公、外婆、大姑、二姑、小姑、二叔都来了,他们看到我这样子,都只叹气、摇头!外公外婆和爷爷都埋怨爸妈说:"你们两口子怎么这样?丰儿都这样子了还不带她去医院?你们想把她拖死啊?"爸爸不出声,妈妈只是哭,她哭了好久才说:"丰儿她自个儿想过个生!……"老人们都不出声了。

中午时分,我忽然感到身体里有一股凉气,从脚下慢慢窜上来,窜到心头,然后又跑到脑门!我越来越支持不住了,我想到自己可能就要离开爸爸妈妈了,离开这个世界了!我好怕,但只是一念之间,因为我狠狠地否定了自己的想法,狠狠地批评了自己,我告诉自己:我决不能放弃,我一定要活下去!为了这么多关心我的人,我决不放弃!忽然,我闭上了眼睛昏了过去……

等我醒来时,我发现自己正躺在医院的病床上,鼻子里插着输氧管。爸爸和妈妈在我的床右边,外公外婆他们在左边,还有姑姑们和二叔也都在!我看到妈妈还在不停地擦眼泪,时不时地抽泣一下,其他人也都紧皱眉头!我知道自己还活着!

后来我听妈妈说,当他们把我送到医院来时,医生们都说我没得救了,叫爸爸妈妈准备给我办后事!可妈妈不甘心,她哭着闹着求医生一定要救我,还去打电话求援。当时副县长刘桦听说后赶来,他力劝医生一定要尽力,并召集主治医师会诊……妈妈告诉我,她清楚地记得当时刘副县长是这么说的:"你们一定要救活这孩子！你们要是救活了她，那就等于救活了几条命！……不管怎么样，死马也要当活马医！”最后老天爷还是被我们的真情打动了！我又一次从死亡的边缘走了回来，我又真真实实地看到了一缕阳光直射到我的床前，我知道，我还活着！

以后的日子里，我无数次回味起这件事情，我反复咀嚼着里面的真情，我深深知道是所有关心我的人永不放弃的坚持，才使我能够继续学习，静静地享受阳光。

我要生命不息，学习不止

4月18日　星期日　晴

今天，发病了，我住进县中医院，没劲记日记，刚好读到一些好文章，脑海里有印象，对我的病有帮助，特综合一下，成为一篇“杂文”。

今天枯败的花儿蕴藏着明天新的种子，今天的悲伤也预示着明天的欢乐。

当我被悲伤失意的情绪包围时，我就这样与之抗争：

沮丧时，我引吭高歌；悲伤时，我开怀大笑；病痛时，我加倍学习；恐惧时，我勇往直前；不安时，我提高嗓音；力不从心时，我回想过去的成功；自轻自负时，我想想自己的目标。

如果每天撒一粒种子，就能百花满园，树木成行；如果每天读一点书，就会广闻博见，满腹经纶；如果每天都与他人交流，就能摆脱孤独与寂寞，见多识广。

生命只有一次，振作起来，立即行动。一个可能被毁弃的一天，也有可能变成有所收益的一天，“现在”永远是行动的时候。

我们生活在今天，就要抓住今天，因为昨天是作废的支票，明天是一张期票，只有今天才能是你拥有的可用的现金！从今以后：

我相信自己会成功！

我要努力学习,超越自我!
我为我所定目标奋力拼搏!
我要提高我的思想!
我要生命不息,学习不止!

我又从鬼门关走出来了

4月20日　星期二　晴

昨天中午,谷老师带着全班同学来看我,还送给我一封由全班同学签名的幸运星慰问信。小王静一直守在我的身旁,给我讲道理,叫我坚强,还不停地摸着我的手——因为我当时正打着点滴,手很痛!当我告诉她,早上我眼睛看不见,很害怕自己再给家里增添麻烦时,我和她都哭了。她抱着我,拍着我,劝我别担心,她说:"你安心养病,别想这么多,我们大家都会尽力帮助你的!你开心点,这样病才会早点好!你应该相信现在的科学,你要抱着'我能好'的态度!……"她说了很多很多,我的心里暖暖的,幸福极了。再看看别的同学,他们都在深情地望着我,有些同学还哭了,尤其是邹春桃和李桂群,都哭得不成样子了!

后来,王萌、邹春桃、向乐等又和我说了会儿话,王萌还告诉我一件"奇闻",一下子就把我逗乐了!

可还没和同学们说多少话,我就因情绪过于激动而发病了,医生们赶紧进行急救。这可把爸妈和同学们急坏了,他们喂水的喂水,拍胸的拍胸!我本来已经自觉不行了,可见妈妈哭成这样,又见同学们这么关心我,我就对自己说:"你一定要挺住啊,为了这么多关心你的人,你一定要好!别倒下,别放弃!这么多年都挺过来了,难道就这样气馁了吗?你甘心吗?……"最后,我总算又从鬼门关走了出来!

我呼吸到了新鲜空气

4月22日 星期四 晴

今晚，当我从医院里出来呼吸到扑面而来的新鲜空气时，心里舒畅多了，病也像一下子好了！一路上，我的心里特别激动，心想：我很快就能看到我的学校了，很快就能看到和我朝夕相处的同学了！可是还没走到职校门口，我的心又慌了起来！等到好一些后，爸爸怕我累着，不同意我去学校，直接扶着我去干爹家了。我很失望，因为我明天就要去长沙检查了，不知道要几天，而我在走前却不能跟同学们道声别！

不能让爸爸太担心

4月24日 星期六 雨

今天，长沙下了一整天的大雨，听别人说，火车站的水涨到一人高了，不知道桑植怎么样了！真想念妈妈、外婆、妹妹，还有老师和同学们啊！今天作了检查，又看了医生，他们说我必须尽快把血糖控制住，最好尽早安上胰岛素泵！爸爸显然很着急，很担心，但他还是装出一副轻松的样子说："没关系！"我知道家里的情况，我也不是不懂事，但为了让爸爸不太担心，我还是很坚定地带着微笑点点头。

幸福的一天

4月25日 星期日 雨

今天是幸福的一天！上午，爸妈为了我去北京的事特地带我上街买衣服鞋子。我们一家在鞋店里试穿时,店老板认出了我,并和老板娘一同问了我的病情,最后还50元钱卖给我们两双鞋!他们人真好!在选衣服时,我们遇到了妈妈的一个老同学,她在市场上开卖衣店。当她得知我们的来意时,硬是选了两件质量很好的牛仔服,只收48元就卖给我们,还出两元钱带我到裁缝店那里整边!下午我来到学校,感觉一切都是那么熟悉,一切又是那么陌生。刚迈上教学楼的台阶,76班的同学们就叫起来了:“刘丰,刘丰!”他们显得那么友好!紧接着一个留平头的男同学就跑过来问我:“刘梅,你的病好了吗?”我笑着回答他:“好多了,谢谢你的关心!”他又说:“你要好好照顾身体,把病治好!”我很感动,我很想哭,但我还是笑着谢了他。还没走到教室门口,几个同学就先拥了上来。李海霞、张雪姣、邹春桃等一直围着我问:“你好些了吗?病怎么样了?眼睛能看见吗?”我觉得自己是不幸的人当中最幸福的,因为我有一大群关心我、爱护我的天使!

我要去北京啦

5月1日 星期六 阴

昨天下午,全校师生为我和王萌赴京参加中国小作家协会全国第一次代表大会饯行,场面感人极了。老师们为我们祝福,同学们为我们戴大红花,送千纸鹤、赠书!后来,我们又到洪家关的贺龙故居取泥土,为2008年奥运会会馆献土做准备,取完泥土又在贺爷爷铜像前行礼、讲话。从头到尾,我都激动不已,但更感到压力与重担,我不能因为这次北京之行就满足止步了,我不会为了一只小鹿而放弃了整整一个鹿群!

我现在正在去北京的火车上。在车窗前望着外面的油菜田、房屋、树林、河流,我激动急躁的心忽然间静了下来,再想想北京一事也觉得十分平常了。

保持一颗平常心

5月2日　星期日　晴

妈妈说得对，对待这事儿要保持平常心，不要飘上天了，摔死了！其实我根本就比不上他们当中的任何一位，而今天之所以亮相，是因为大家可怜我！可是可怜又能可怜多久呢？当今的社会只注重癌症、艾滋病等，却忽略了糖尿病等隐形杀手，对它们的了解只有一两分而已！尽管这样，我还是挺感激这些好心人的。钱财并不重要，重要的是有这份心就行了！即使你一分钱也不掏，甚至一眼也不看，我也不会有什么怨言，毕竟我不是什么大人物、名人，我只是一个普通的中学生而已。

在钓鱼台代表全国小作家发言

5月3日　星期一　晴

早上4点钟，总台一个电话打来，我们就匆忙起床穿衣下楼了。4点30分，我们就整装待发——去天安门广场看升旗仪式了！伴随着嘹亮的歌声的响起，鲜艳的五星红旗冉冉升起来了！多么壮观啊！我终于圆了盼了10年的梦啦。看完升旗，我们在广场匆匆吃过大会准备的早餐后，又一同登上天安门城楼，并在那儿买了几样纪念品，其中有份登上城楼的荣誉证！

大概8点30分，咱们回到宾馆——东交民巷饭店。休息一小时后，我们又到钓鱼台国宾馆参加了中国小作家协会第一次全国代表大会的开幕式。一个个著名作家鱼贯入场。仪式上有许多著名作家都讲了话，还有国旗班的班长！仪式有许多环节，一会儿领导发言，一会儿作家受礼：泥土、锦旗、彩旗、横幅，当然还包括戴红领巾！正当我心花怒放时，主持人竟叫到了我的名字,要我上台代表全国2000个小作家讲话！我明显地感觉出自己的激动。上了台,因为激动,发言稿有好多地方都念错了。发完言后,中央电视台的石阿姨采访了我和一位患白血病的张冰儿。

北京的灵魂洗礼

5月4日 星期二 晴

早上在二楼吃过自助餐后,我们又整装出发了。今天,我们首先去了中国科技馆,参加中国航天展开幕式,在开幕式上我们看到了很多有名望的人,还有中国第一飞天英雄——杨利伟！他的个子不算高,穿一身工作服,胸口衣服上还有五星红旗的图案。他一出席,前来参观的全场人员都轰动了,一个劲儿地叫:"杨利伟！杨利伟！"杨利伟还在一幅航天展图上潇洒地签上自己的名字,那些记者们立马蜂拥而上,闪光灯不停地咔嚓着！

参加完开幕式,我们又马不停蹄地前往中国现代文学馆参观。文学馆就是文学馆,果然不同凡响。一进大门,在左边就看到了一块石碑,上面有抽象雕塑,是半张脸,只见它眉头紧皱,胡子是个隶体"一"字,我忽然想到了什么,再瞧瞧,真是越看越像大文学家鲁迅先生,后来一问,果真如此！在大门的右边,有一块天然形成的石头,中间穿了一个洞,这洞的形状很像一个逗号,因此,文学馆将这逗号当成是现代文学馆的标志。进入大厅,大厅墙上的装饰是由许多彩色玻璃碎片拼凑成的,有《家》、《白杨礼赞》等。在大厅的过道墙上还有连绵不断的画,有《子夜》《骆驼祥子》《穷苦人》《母亲》等。在大厅的左右两边,还各摆放了一个大花瓶,上面布满了中国作家协会会员的签名！上了二楼和三楼,我们又看见了许多著名作家的画像,还有他们的亲笔手稿,看得我眼花缭乱。

从文学馆回来,已是11:30了,大家用过午餐,回房休息了一下后就到组长房里进行小作家论坛。在论坛上,我认识了《儿童文学社》童话编辑冯臻,他才二十来岁就当了编辑,真是了不起! 论坛上,我们先选举小作家委员,咱们组的全组人员都选了我,我既高兴,又感到了自己肩头担子的重量! 随后,我们又就文学创作发表了自己的观点,介绍了各自的经验。时间很快就过去了! 临走时,冯老师还送给我们每人两本书留作纪念! 说真的,作协里的人都挺好的,金爷爷热情好客、关心他人,骆老师活泼开朗、幽默风趣,冯老师平易近人、态度和蔼……能够认识他们我挺高兴!

今天,真让我大开眼界!

长 命 锁

5月5日 星期三 晴

一想到今天早上要参观故宫,下午还要去清华、北大,我就兴奋得一夜没睡好! 匆匆吃完早饭我们就上路了。我们首先来到天安门前,继续向前走,穿过南门就到了故宫。骆老师真够哥们儿,将时间交给我们,让我们自个儿参观拍照纪念。我们一处一处地看,一处一片地拍照,最后还到了乾清宫,好家伙,果然非同凡响! 大殿的正中央还端端正正地摆着一把龙椅,两旁还各有古灯一盏,这架势真是让人望而生畏,不由自主地把身子站直了,眼睛盯住了,声音也变小了! 可惜胶卷已用完了,不然我非得拍下来不可,那家伙,啧啧啧啧!

在回宾馆吃饭时,听到了“不去北大”的消息,大家都挺沮丧。但失望归失望,吃过“甜食”之后,我们又兴高采烈地出发了,目标是清华!

清华不愧为我国的名校,设施、环境、历史其他学校就是没法比! 这里不仅有清幽的林阴道,娇美的鲜花,洁白的喷水池,碧青的绿草坪,整洁的楼房,还有碑文、石像、车道、庭院,这哪像是学校啊,简直就是个多姿多彩的旅游景点!

快乐的时光似乎过得特别快,我们又得回去了,不过我们还是挺高兴,因为晚上我们还要到前门小学,和那里的师生一同联欢!

前门小学不愧为北京市的名校之一,学生的素质就是高,教养就是好。你瞧,他们的节目多精彩啊!尤其是有个班表演的《白雪公主和七个小矮人》那真叫我们自叹不如,小演员们讲的全是英语,而且话语流利,节奏鲜明,感情丰富!

就在大家正兴致勃勃地观看演出时,我又一次感受到了人间的温暖与真情。聂翅楚同学与我萍水相逢,却热心地帮我戴上她在故宫时特意为我买的长命锁!她没留下通讯地址,却留下了一颗火热的心。

彷佛一场梦

5月9日 星期日 雨

"这是心的呼唤,这是爱的奉献……"听到这首歌,我不禁又想起了初一时为向浩博同学捐款时的情景。今天,学校召开"刘梅先进事迹报告会",会上,我、父亲、班主任谷爱庆老师、小学朱灵芝老师作了发言,发完了言,大家却在这歌声中为我——一名极普通的学生献出自己的一片热忱,一份爱心。我感动极了!

从我患病的第一天起,我就叫自己要坚强,别害怕。当我从死亡的边缘挣扎过来时,我告诉自己要善待生命,别让剩下的时间白白流逝;当我走进学校来到集体中时,我暗暗告诫自己要珍惜这份情谊,过好学校的每一天;当我从昏迷中苏醒过来看到爸妈的红眼睛、黑眼圈时,我就希望自己尽快好起来,别再让他们担心了;当我看到外婆门前满院的苦瓜藤时,我下定决心,一定要努力读书,将来报答那些关心我、帮助我的人……从小到大,我经常做着一个梦:在一个宽敞的大厅里,到处是爱的气息,许许多多的好心人都围着我,询问我的情况,专家教授在为我诊治,大厅外老天爷也感动得落下了眼泪!

我一直做着这个梦,并希望它能成为现实,但这只是个遥远的梦,我并不敢抱有多大幻想,我怕期望越高失望越大,所以我只有在夜深人静之时匆匆地想一想,然后将这梦亲手掐灭!我知道这对我是很残酷的,但是……

今天,我真的像做梦一般!没想到,我做了这么多年的梦今天竟能成为现实!此时此刻,我感到自己是世界上最幸福的人,因为我虽然不幸患上了Ⅰ型糖尿病,在失去健康身体的同时,却得到了各种各样的爱!在我孤独与悲伤时,这些爱便汇集在一起,形成一个巨大的光环,我被这个光环照着,再也感受不到孤独和悲哀。生命与健康固然重要,然而当人失去健康时,生命就会像一张有墨滴的纸。我知道一张纸虽然受了污染,但仍可继续自由地书画!可如果在失去了健康的同时将一颗完美的心也弄得残缺不全,生命则成了一张废纸,即使上面没写一笔,可是最终还是会被人丢进废纸篓里。正是抱着这种态度,我才能撑到今天,争到今天,才能看到这一幕幕感人的画面!老师、同学、募捐箱、泪水、钱……面对这些,我再也无法控制住自己,泪水就像决了的堤一样;面对这些,老天爷再狠也改变了铁石心肠,雨水犹如瓢泼一般。

"啊——只要人人都献出一份爱,世界将变成美好的人间!"募捐活动已经结束了,但大家对我的爱绝没有就此而终止。你瞧,老天爷的泪还在淌着,他是在为我高兴,更是在为人类能有这种爱而自豪!

疾病给我带来爱

5月11日 星期二 雨

今天下午我正在教室里看书时,学校的熊副校长、甄副校长及一位摄像师走了进来。熊副校长示意我们静下来后说:“昨天,团县委的陈春华书记来我校参加了‘向刘梅同学学习暨爱心捐赠大会’,她被刘梅的事迹深深地感动了,晚上,陈书记将刘梅的日记又从头到尾认真地看了一遍,感动得一夜也没睡好。今天,陈书记特意再次来我校看望刘梅同学,并将自己的爱带给她!让我们用热烈的掌声欢迎陈书记!”

台下的我激动得热泪滚滚,同学们的掌声更是特别响亮。这时,从门外果真进来了一位漂亮的大姐姐,她双手握着一个厚厚的日记本,深情地望着我,微笑着向我走来。我放下手中的书站起来,陈姐姐郑重地将日记本递上来,并对我说:“刘梅,好好治病,长大后你还要为国家做贡献呢!如果当老师,你要尽力地培养更多像你这样的学生,做到桃李满天下!如果当医生,你要尽职尽责地为病人治病,让他们摆脱痛苦,重拾健康!如果当作家,你要用你的满腔热情写出优秀感人的文章留给后人,让他们受到爱的熏陶!我相信,为了这些理想,你一定会勇敢地活下去。为了这么多关心你、帮助你、牵挂你的人,你也会好好地活着的!”此时此刻,我已是热泪盈眶,我何德何能,能够得到这么多人的关爱?!面对她感人肺腑的话语,我激动得只能一个劲儿地点头、道谢。

陈姐姐还说:“你应该把身体放在第一位,只有身体好了,才有条件、有基础去做别的事啊!身体是革命的本钱,你应该好好爱惜身体,对病痛不要畏惧,你要知道,我们永远站在你身边为你呐喊助威!”陈姐姐说着说着,眼泪就出来了。学校的一群小记者要采访陈姐姐时,她才走出我们的教室。

当小记者问到关于我的问题时,陈姐姐总是眼里含着泪花,脸上却带着笑容,说刘梅如何坚强,如何值得我们学习。而当小记者说到她自己时,她总是很谦虚地说:“我还做得不够,刘梅在很多方面是我学习的榜样,我应该向她学习!……”陈姐姐,我知道你是在鼓励我,可我没有你说的那么优秀!

后来,我从小记者的采访中才知道,陈姐姐为了帮助我,竟将自己一个月的工资都捐给了我，可她却说："这只是略表我对刘梅同学的敬意，仅仅敬意而已！"当小记者问她"捐了一个月的工资，您的生活怎么办"时，她很平淡地说了句让我再也控制不住自己感情的话："捐了这点钱，我的生活不会受到任何影响，我照样能够吃饭、上班，不捐也只是这样。而刘梅就不同了，她需要钱，很需要，也许就因为少那么几元钱而无法买到药呢！钱对她来说真的很重要，而我只是帮一点小小的忙而已！"多么感人的话啊！就凭她对我的这份关心和爱心，我更应该坚强起来，努力读书！

送走了陈姐姐，我回到座位上，打开那个日记本，看到了一个浅蓝色信封，信封上是她留给我的话："疾病带给你苦难，也带给你世间最大的美好——爱！……祝你健康！愿你梦想成真！深深被你感动、为你祈福的姐姐。"信封里装的不仅是陈姐姐再次给我的捐款——她一个月的工资682元，更是姐姐她的一颗火热的心！

一位远方的好心人

5月12日　星期三　阴

今天早上我又因肚子痛住院了。爸爸把我背进医院就急急忙忙地上班去了，留下妈妈来照料我。中午时爸爸来了，他是来换妈妈的，以便妈妈下午去上班。

下午时，爸爸接了一个电话后告诉我，有一位远方的好心人要来给我捐钱。不多久，这位好心人就在熊、甄两位副校长的引领下来到病房看我。熊副校长给我和爸爸介绍说："这位是中国农业大学的郭老师，他知道了你们的情况后，硬要亲自来看看你们并给你们捐款！"看得出来，郭老师一口气上到四楼已是满头大汗，一见到我爸就伸手握住爸爸的手说："你们辛苦了！你们能有这样的女儿，是种福气，很让人感动！我来只能表示我的一点心意,希望你们不要嫌少!”他一边说着一边掏出1000元钱塞给了爸爸。爸爸含着泪花示意郭老师坐一会儿,可郭老师说他很忙,但还是询问了我现在的情况。听完我爸爸的回话,郭老师就跟我们告辞了,他连坐都没坐一下,额头上的汗水还在往下淌。

我不知道郭老师是怎么知道我的情况的,甚至连他叫什么名字都不清楚。我想问,可还没来得及问他就走了。我问爸爸,爸爸说:你就叫他远方的好心人吧!

妈妈,您别走

5月18日 星期二 阴

今天为了耳机的事儿,我把妈妈惹生气了!因为家中复读机的耳机坏了,所以,我想在长沙个体摊上买一副,可妈妈说没用,我不依,于是和妈妈争了起来。后来,妈妈一声不作,走过来走过去地收拾东西。听爸爸说,妈妈打算明早搭车回桑植去!妈妈本来这几天胆结石发作,疼得死去活来,为了照顾我,胃病也犯了,可现在,我却气得妈妈要走,我太不应该了!我知道妈妈这些天一直不舒服,可因为不放心我,仍忍着病痛为我东奔西走。妈妈,我对不起您,我不是有意惹您生气的!妈妈,您别走,我不想让您走!

一天花了2488元

5月19日 星期三 晴

今天早上,爸爸依依不舍地回去了。临走前,他一直叫我要听话,要坚强,别发脾气,还嘱咐妈妈要照顾好自己的身体等等!爸爸放心不下我们,可是没办法,家里老的老,小的小,还有那么多的牲畜都得有人照看！

下午，我和妈妈拿着一大把的检查单子一会儿跑到这儿，一会跑到那里，一连做了四项大检查，把腿都快跑断了。尤其是妈妈，虽然累得要命，可一句怨言也没说。我看得出来，妈妈很累，很难受，很有些心有余而力不足！在回病房休息的路上，妈妈很抱歉地说："如果我实在不行，就叫你爸爸来吧！"我知道妈妈也是为我好，怕自己办不好事，怕我白累了，可我不在乎，大不了就当是锻炼嘛！一回到病房，就看到了放在病床的"清单"。一看，吓死人：才一天就用了2488.1元，这相当于我近半年的药费啊！爸妈花这么大的气力拯救一个早在九年前就判了死缓的人，光这份心就能感动天下的人，就足以让老天为之哭泣！光凭这一点，我也要好好活下去！

租胰岛素泵记

5月20日　星期四　晴

这胰岛素泵果真不同凡响，18日一安上，血糖就下降了，一会儿就出现了低血糖，后来肚子也不大痛了，整个人也显得精神了！昨天一天，血糖都控制得比较好。医生本打算就这么给我装上一个，以便于继续控制，可是考虑到每天光租费就得168元，太贵了，以我家现在的经济状况来说，用不起！没办法，只能用原来的胰岛素先维持一段时间。于是今天上午，医生把胰岛素泵收回了。这下又麻烦了，血糖一下子就回升了，人也开始不舒服！晚上吃了饭，出去散了一会儿步，回来测血糖24.1mmol/L！我和妈妈知道：如果我们不去散步的话，血糖还不止这么点！妈妈、我、医生都吓坏了，妈妈一下急哭了，她找我商量说："如果实在不行的话，我们还是把胰岛素泵安上吧！……"我什么也没说，我知道妈妈内心很矛盾，妈妈也晓得我很为难。唉，只能看我的运气了！

胰岛素泵出了故障吗

5月21日 星期五 晴

今早空腹测血糖24.4mmol/L,饭后两小时测24.5！无奈,中饭刚吃完,医生又叫护士把胰岛素泵给我安上,晚饭前血糖就降到7.3mmol/L了,饭后又降到6.5mmol/L,临睡前还出现了低血糖！血糖控制下来了,可我们还是有顾虑:没钱啊！而且我们觉得,我现在安的这个胰岛素泵有问题！先是下午,它报了一次警,出现了"错误"字样,让大家丈二和尚摸不着头脑。再就是注射量,医生和护士都说它每小时才注射0.1u,可我们通过记录观察,它每小时注射1u。指令是正确的,可这机器不听话！这是怎么回事?

盼望亲人

5月22日 星期六 晴

凌晨3点时我的血糖低到2点多了,幸好有妈妈时刻守护着,不然我就真的要阴沟里翻船了！妈妈找护士评理说:"医生说晚上十二点就已经停止注射了,可刚刚看了,又少了3u！……这个胰岛素泵有问题,你得把它取了!"护士不同意。妈妈说:"血糖都这么低了,而且胰岛素泵又不听指令,这样下去,我的小孩就没命了,那我们两口子这么多年不是白忙了吗?不行,你要把它取了!"最后护士还是拗不过妈妈,再次把胰岛素泵拿出了病房。晚饭后,我和妈妈又散步来到了知新旧书屋,在选书时,手机响了,原来是小姨打的,她问我好些了吗,现在在哪儿。我笑嘻嘻地喊声"小姨",然后告诉她已经好多了,现在正在昨天的那家书屋买书。小姨说:"你又买书啊?！昨天你就买了六七十块钱的书，把我的手都提酸了，今天你又买，别把你妈妈累着了！咦，你妈妈呢？"于是我就叫妈妈听电话。小姨大概是说自己很忙，今天不能来看我。其实我挺喜欢挺感谢小姨，昨天来就给了我一百块钱，并陪我上街散步，买书，还答应我明天中午再来看我。整天呆在病房里，没有一个人来这儿，好人都能憋出病来，何况是我。所以，小姨来了我精神特别好！

我真的好幸运

5月23日 星期日 晴

中午，我们刚吃完饭，小姨就又气喘吁吁地跑来了，还带了一位同事。她一走进来就从皮包里掏出一个塑料袋，边打开边说："我昨天一回去就到处找衣服，找了好多家店子，都没看到合适的！今天在那家店里，本来有套粉红色的，特别漂亮，但是码数小了，最大的一码我看也不大合适，所以就挑了这套！不大漂亮，丰丰你就将就一下，等以后小姨发薪水了再给你买套漂亮的！"我们连忙摇头示意她们别太破费了。我对小姨说："小姨，你们能来看我，我已经非常高兴了，这已经是给我最好的礼物了，怎么还说这种话呢？"后来小姨和那位同来的大姐姐又和我们聊了很久才离开。

晚饭后散完步回来，姨和姨父又来了。我住院惊动了这么多的人真是过意不去啊！姨和姨父走时又塞给我几百块钱叫我安心养病，以后努力读书。姨父他们结婚、买房子就已贷了四万元的款，现在还没还清，再加上我们又几次三番地打扰他们，请他们帮忙，你说我们怎么能要他们的钱呢？睡在床上好好想想，我觉得自己真的很幸运，虽然我不幸患了这病，但是在我的周围有很多的好心人无时无刻不在关心我、帮助我，给了我坚强地活下去、顽强地同病魔作斗争的信心与勇气，为了不辜负他们的一番心意，我一定要早日出院，昂首挺胸地向前走。长大后，我如果当了医生，我一定竭尽全力为病人诊治，并着力于医学研究，早日攻克三大顽症，打败四大杀手；如果当了老师，我要把我所有的知识都传播给学生，让他们成为饱学之士，成为国家的栋梁；如果当作家，我要用我毕生的心血和感情去创作，为祖国、为人民留下宝贵的精神财富！

我为拥有爸妈而自豪

5月24日 星期一 晴

今天下午，一位阿姨来找我妈妈，要妈妈带她去买血糖仪。在路上，阿姨一会儿问我："这病有什么水果能吃吗？"一会又问："零食可以吃哪些？"还问："这对她以后不会有什么影响吧？"我一边很轻松地回答她，一边回想我自己，真是做到"六根清静"了，医生的三个字——"不能吃"，我就连尝也不敢，哪怕后来得知"可以适当地吃点"，我也绝口不提。那时我才五岁啊！大人都控制不住自己，更何况一个乳臭未干的毛头小孩？真记不起来当时是怎么熬过来的！不过现在好了，对于那些东西，我已经看得很淡了，哪怕是这几天散步，天天路过水果店，看到那一堆堆码得很整齐的鲜水果，我的心也平静得像面镜子，连一点细小的涟漪都泛不起来。我现在甚至还有点恨这些"糖"了！那天低血糖时，包医生倒了3支葡萄糖注射液给我喝，我喝了之后心里半天不舒服，现在想起来心里都还有个结！

到了专卖店，售货员向阿姨介绍了一种"三诺"牌的长沙产的血糖仪，仪器本身的价钱和"稳灵"的一样，但做一次的成本就大大减小了——只要近三元，而且还是全自动的！可是"三诺"只贮存10个数据，只是"稳灵"的几十分之一！阿姨犹豫了，不知道要哪种，选了一二十分钟，还是没拿定主意。看到阿姨这个样子，我有点替那个妹妹伤心，但更为自己的幸运高兴。幸好我有这么疼我的爸爸妈妈，不管我要什么，他们都尽力给我买，而且是买好的，连眉头都不皱一下！为了给我治病，爸妈向亲戚朋友借了钱，又向四家银行贷了款，现在不管走在哪儿都能碰到我们的债主，尽管这样，爸妈还是出钱供我上学读书！为了给我买药，爸妈又扛起锄头当了农民，上班时就上班，下班后就赶紧回家喂猪、和饲料、割猪草，双休日，别人都休息娱乐，只有爸妈还顶着烈日在地里干活。妈妈有病，弯不下腰来，只能蹲在地上一下一下艰难地做着！爸爸小时候就已经吃了好多的苦，长大后谈到这些就害怕，可是现在，为了我，爸爸常常忍饥挨饿，手上和脚上的茧子也不知有多厚。爸妈这样，他们怨过吗？他们犹豫过吗？他们放弃过吗？没有，从来没有！所以，我为自己能有这样的父母而骄傲！

黎明现象

5月25日　星期二　晴

这两天的空腹血糖都很高，在25.5mmol/L左右！刘石平阿姨（副教授）怀疑是黎明现象，就在昨天晚上——确切地说是今天凌晨给我做了血糖检查，真应了刘阿姨的话！所谓黎明现象，就是血糖在前半夜还算可以，可一到凌晨三点就一下子反弹上来，这种情况很难控制，可如果安上胰岛素泵，就好办多了，所以，刘阿姨和包叔叔再次建议我们买胰岛素泵。可是，还是老问题，我们没钱啊！虽然现在教委在想办法帮助我们筹集资金，可这事还得再等一些时日。唉……！

听妈妈说，爸爸今天不上班。我知道，爸爸的身影一定又出现在西界的蕃薯地里，旁边一定还有年迈的外婆！为了我，为了这个家，爸爸才四十来岁的人看上去就像五六十岁的老公公了！而外婆，我可怜的外婆！七十多岁了，还要为外孙女劳心劳力。一想到这些，我的心就难受不已。外婆，爸爸，你们辛苦了！我希望你们找个阴凉的地方，坐下来，休息一会儿吧！

教育局领导来长沙看我

5月27日 星期四 晴

今天上午，我正在看书，包医生跑进来后对我们说："你的那个C肽结果与现实状况间产生了疑问！"我的心跳马上加快，不知这是福还是祸。包医生停了一会继续说："按你说的检查结果和症状来看，胰岛功能应该是完全丧失了，可是按这次的指数来看，你的胰岛应该还有功能啊！也不知道是检查结果错了，还是真的有功能，所以，你们还得再做一次C肽检查。"我当时就惊呼起来："oh，my god！"在2002年时，医生就说我的胰岛细胞虽然完好，但功能已经完全丧失了，而现在——老天爷，快告诉我这是不是真的！如果这是真的，我们可以试着用药物来刺激胰岛使其功能发挥出来，那每月的胰岛素注射剂量就可以减少一些，家里的开销也可以少些，太好了！

过了一会儿，县教育局的熊爷爷和朱叔叔来医院了解情况。当他们得知我现在的情况很不稳定时，他们也急，也担心，后来听说胰岛素泵对这些情况能很好控制时，他们稍稍松了口气："别急，我们正在想办法，争取尽快凑到钱让你把泵安上！"他们为了我的事大老远跑来，觉也没睡好，饭也没吃饱，累得一塌糊涂，到最后连杯水也没喝就又忙着赶回去汇报情况了！看到有这么多的好心人在关心我、帮助我，我怎么也要坚强地活下去，把病治好！

王老师的关怀

5月28日 星期五 阴

今天接到了一个电话，是北京的孙姐姐打来的，我好高兴！

孙姐姐问我身体好些了吗，现在在哪儿，我笑嘻嘻地说：“好多了！”孙姐姐又说她明天下午 1:40 会到长沙来看我，给我带几本来！我当时就激动得躺在床上翻来覆去，因为我前两天买的十来本书都拖回去了，我现在只能成天对着生、地课本！还是孙姐姐了解我，惦记着我！

挂了电话，我忙拿出 IC 卡跑到外面去打电话给县文联的王老师，告诉他孙姐姐要来的消息。因为我知道，我之所以从一个再普通不过的学生和一个再无助不过的病人成为今天的“小作家”、学生学习的榜样，那全是因为王老师！如果不是王老师的帮助，我现在都还在痛苦的深渊中孤独地挣扎，如果不是王老师的教导和牵线，我至今还默默无闻。王老师说这是我自己争取的，可我却认为这全是王老师的功劳，没有王老师，我怎能引起这么多人的关注?！我知道在我住院的这些日子里，王老师就像爸爸一样无时无刻不在替我担心。在县里住院时，每天除了爸妈，就数王老师来得最勤了！他还隔三差五地给我带来好故事，好消息，逗我开心！我还知道，他听到这个消息后，肯定会为我高兴！

北京的孙姐姐为我送来了书

5月29日　星期六　晴

好难熬啊，还有三个小时，孙姐姐才能到长沙！等她到长沙后，我首先要向她道谢，然后就请她尝尝我们湖南的特色菜，还要邀她到我们张家界去玩几天！想到孙姐姐就快来看我了，我就高兴得坐也不是站也不是了。

离约定的时间还差十来分钟，我等得好心急，便走出病房去散散心。我一边散步一边张望，来来往往的人很多，可是没有我的客人，好失望啊！于是我又朝大门口望了一眼，心犹不甘地回去了。回去后，我再也无法使自己平静下来，一会儿往窗外看看，一会儿又朝门外瞧瞧。终于到时间了，我又迫不及待地跑下楼去了。我走了一会儿还没见人，就在两个入口的交界处守着。守了好一会儿，妈妈突然出现了，见我“像只猫头鹰一样坐在那守着”，不觉笑了起来：“你怎么接的，客人都自己进去了！”我这才疑惑不解地跟着回去了。

我一进病房，孙姐姐就高兴地站起来，我也立马跑过去拥抱孙姐姐。孙姐姐见我比上次在北京看到时好多了，高兴得笑了，还连忙拿出精装版的图书和三个采访本递给我。我们聊了一会儿后，孙姐姐又端出数码相机，一连给我拍了好多张照片，妈妈也被我拉了进去！

本想多和孙姐姐聊聊的，可是孙姐姐说她那边还安排了很多事情要做，没有时间！唉，只好以工作为重，让她走了。不过，孙姐姐答应，等到了张家界一定和我联系！我们把孙姐姐送出大门，又目送了她好远，直至看不见她的人影……

回家的感觉真好

6月1日　星期二　晴

终于回家了，回家的感觉就是好！车子刚停，就远远地看到一个中年男子坐在路边的食品店旁，他一见我们透过车窗向他招手，就立刻笑了，站起来，然后走到路旁，朝两边看了看，就双手一前一后地很精神地甩着穿过马路。我们一下车，他就帮我们拿行李。我看到他比先前黑了些，也瘦了些，心中不是滋味。若不是因为家中有那么多牲口等着吃，他会黑得像酱油泼的一样吗？若不是担心我们，他会瘦得只有一层皮吗？我一下车，用高兴难过交加的心情叫了声——“爸爸”。爸爸虽然没什么大的反应，只是“嗯”了一声，但我知道，他心里一定乐开了花，没准今晚还会高兴得失眠呢！

这个世上好人多

6月6日　星期日　晴

今天,爸爸的一些同学聚到我家来看我,并向我伸出了他们的援助之手。听说,还有好多老同学听说后,都打算来看我,但是赶不及,他们纷纷托人带来自己的祝福,祝我努力学习,早日康复!当我接过一叠百元的人民币时,我的嘴巴突然变笨了,不知道该说什么,只是激动地、机械地说了声:“谢谢,谢谢各位叔叔、伯伯、阿姨!”与此同时,一股暖流从脚下直升上来,流遍了我的全身。客厅被挤满了,椅凳不够用了,茶杯找不着了,没想到,我的事会引起这么多人的关怀与怜爱!……我此时此刻,已经被感动得一塌糊涂了,脑子里什么图像都有,什么图像也没有,思绪也被撩拨得乱七八糟!我什么都明白,也什么都不明白。我现在只知道一点,这个世上好人多!

是动力也是压力

6月16日　星期三　晴

今天我们到二小去开会,有好多同学都叫着“刘梅姐姐”,要我签名留个纪念。一大群人围着我,弄得我浑身冒汗,心里郁闷,没支持多久就又犯病了。不过,我很乐意!能够给同学们一点启示我很开心。老师、同学们这等热心地帮我,我很感动;邹爷爷、熊爷爷这么积极地帮我,我很感激。可是,正如王老师、邹爷爷他们说的:“这既是动力也是压力!”给我戴上一顶“五好小公民”、“同学们的学习榜样”的大帽子,我怕自己会因此而不自觉,骄傲起来,这反而会害了自己!

恩情不会因时间的流逝而冲淡

6月17日 星期四 晴

今天我的母校一小开了向我学习的动员大会。会刚开始就停电，被迫中断了半个多钟头。太阳实在太毒辣了，我支撑不住了，坐在我身旁一直照看我的朱老师便把我慢慢扶到办公室，给我扇风、倒水。爸爸开完会来接我回去，朱老师硬塞给我三百元钱，叫我好好读书，把身体养好。四年的师生感情，不会因时间的流逝而冲淡，朱老师那比山高、比海深的恩情，我也不会因任何原因而忘记！世上所有的好心人，我及我的家人都会一辈子感恩戴德！我们真诚地希望他们：好人一生平安！

我不能让所有关心我的人失望

6月27日 星期日 晴

生、地会考终于落下了帷幕，这让我可以喘口气了。但是，随即而来的，我将面临更大的挑战，迎接更繁重的背、记。我感到自己越来越没用了，稍稍一用脑就开始头晕、头痛，看书时间一长就眼睛发胀，字迹也随之模糊不清。我想参加期末考试，成绩好坏都没什么大不了，只要不把班上的分数拉得太多就行了，但是我不知道自己是否能坚持住。我在家里曾好多次极力忍住，却总过不了一个多钟头就失败了！但不管怎样，我还是会考试，我不能让所有关心我的人失望，我会尽力的！

我的庆幸

7月2日　星期五　晴

考试考完了，爸妈很通情达理，只是问我有没有什么不明白的，累不累，从没提“考试”、“分数”、“名次”之类的话。他们说：“你有两个多月没上学，怎么能和他们比？你只能和自己比！”“100分的题目你能做对50分题，我们就认为你得了100分了！120分的题你能得60分，也就是120分！”我很庆幸自己生在一个受过教育的家庭，父母思想开通，从不强迫我做什么！

坚持就是胜利

7月4日　星期日　晴

爸爸一回来就“恭喜恭喜”说我这次考得还不错。班上第二名，全年级第十九名。我听了很高兴，不仅是因为“还不错”，还有是我尽了力，坚持住了！但我知道，不能就因为这样而自满，我更应该继续努力！多年的病痛考验，我明白坚持就是胜利。

一本不平凡的书信

7月7日　星期三　晴

昨天我得知边远山区的四方溪中心小学六(2)班的同学每人给我写了一封信，并把它们编成专集，听到这消息，我的泪不由在眼眶里直打转。当我听说他们每个人都下定决心不向爸妈伸手，要自己挣钱捐给我时，我满脑子都是同学们提着垃圾袋或背着旧背篓顶着烈日到处捡可以卖钱的废品的画面。当我知道有位同学因为没钱，便把自己一直舍不得用的精美奖品贱价卖掉时，我仿佛看到一双小手将一本厚厚的日记本递出去，并接过来一张皱巴巴的纸币！一天下来，我的脑子还是很混乱，满脑子想的只有他们那一句句亲切的话语。

今天早上，我实在等不下去了，就一个人急急忙忙跑到学校找熊副校长。当我从副校长手中接过这本厚厚的信件专集时，我的心情十分沉重，这不只是几十封书信这么简单，它带给我的是无比的震惊和感动，它是鼓励信，是慰问书，是令人振奋的灵丹，是催人上进的妙药，是真挚情意的缩影，是血浓于水的写照啊！

有这么多的好心人在关心我、帮助我，还有这么多的爱笼罩我、伴随我，我相信，我的病一定会尽早好起来的，我很快便可以像正常人一样学习了。我盼望这一天已经很久了！

人啊，有时真的很矛盾

7月9日　星期五　阴雨

这几天天气一直这个样，一到下午三点多就会刮一阵风，下一场雨。虽然天色骤然暗了很多，看书时必须开灯，但是，毕竟没有了前几天的炎热烦闷，所以，我还是挺乐意的，只有这时候，我才能静下心来看书学习，不必因为天热而分神。希望这种状态能多维持几天，最好能持续到我们从长沙回来，不然，病情会很不稳定，又要多花很多的钱和精力！这些钱可都是老师、同学们和许多的好心人的爱心啊，是他们一点一滴积攒起来的血汗钱啊！

可是，任何事情都有它的双面性。虽说我很高兴能凉快一下，但是，雨下得也未免太大、太突然了，我不免有些担心。爸爸前天下乡为学校招生去了，至今还未回来。这种天气，他不能再四处跑动，一定很着急。还有，我们没钱，所以爸爸穿的是一双裂了口的破鞋，只草草补了一下。下雨路滑，山路还很泥泞，他能撑多久呢？真叫人担心！人啊，有时真的很矛盾！

我情愿痛的人是我

7月11日 星期日 晴

爸爸一早匆匆地赶回来，跟着又出去了。他整个人瘦了一大圈，黑得像煤炭，才几天时间，就眼眶深陷，颧骨高耸，但爸爸却衣带渐宽终不悔。爸爸真辛苦！再看看他的手臂，青筋暴露，仿佛爬满了一条条小青蛇，那是长期劳作形成的！看看爸爸这个样子，我于心不忍。爸爸是为了我们这个家才成这样的，这份感情债务怎么还得清啊？

现在已是一点多了！妈妈焦急、痛苦而又无奈地把我叫醒，让我帮她贴药膏，我知道，妈妈胆结石又痛起来了。我眼睁睁地看着她那么无助，那么痛苦，可我却一点忙也帮不上，我真的好没用啊！虽然她有时是比较凶，可我知道，这是爱之深，责之切！看到她此刻那么痛苦，我情愿痛的人是我！

我是一个受人怜悯的幸福女孩

7月14日 星期三 晴

傍晚，县委书记覃德泽、副书记王真明、县委宣传部王德光部长、王茂蓉副部长、县教育局谷文涛局长、关工委的邹贵廉主任等一行于百忙之中抽出时间来看望我，为我送行，这让我很感动！扪心自问，我凭什么能够得到各级领导的关爱，凭什么得到各位好心人的帮助，凭什么成为学生们学习的榜样，凭什么有资格得到这些荣誉？全是大家出于对一个饱受病痛折磨的女孩的同情、怜悯之心！覃书记和王书记因为知道我明天就要去长沙安胰岛素泵了，所以还给了我500元钱，他们怕我不肯收，说："你一定要收下，这只是一点生活费，没有别的！"多好的领导！接着，他们又问了很多有关胰岛素泵的问题，还问我们有什么困难没有，需不需要他们帮助！临走时，覃书记还亲切地对我说："要好好养病，争取早日康复，好好学习，别辜负了你父母的一番苦心，要知道，他们也很不容易啊！你休息去吧，别累着了！我们走了，有什么困难尽管来找我们！"目送他们离去，我的心里不住地在想："他们真好！真是人民的好公仆啊！好人一定会有好报的。"

我是一个受人怜悯的幸福女孩。

让人感动的送行

7月16日　星期五　晴

昨天，我们一家出发去长沙。甄校长也陪我们一同去，他说，只有看着我把泵安上了，情况稳定了，他们才能安心！到汽车站时，甄、熊两位校长，李老师、谷老师，还有几位同学都已到那儿了。谷老师亲切地同我打招呼，他对我说："刘梅，祝你早日康复，我们都等着你回来！别怕，勇敢点！"王小静和罗鑫一人拉着我的一只手，王静还是那么轻声细语："放心，我们会支持你的！你要好好保重身体，不然，我不会饶你！你要听医生的话，医生说可以出院了才能出院，知道吗？"罗鑫一向很开朗活泼的，现在也显得依依不舍："要尽早好起来，早点回来。不光我们班，全校的人都关心你，我们都会支持你，为你加油，你一定要争气啊！"在候车室，他们俩还拉着我的手，小王静差点哭了，罗鑫也眼睛红了，我们大家都舍不得。直到上车，他们才松开了手。熊校长和谷老师对我们说："祝你们一路顺风！再见！"

车开动了，他们还在向我们挥手。车开出了车站，上了公路，可两位同学却一直在跟着，他们边跑边挥手说："我们等你健健康康地回来，我们好一起学习、玩耍！你一定要早点好起来！"车越开越快，把他们拉下了很远，可是透过车窗，我看到，他们还站在那里，目送着我们。泪，不知不觉涌上了我的眼眶。

我的生命是大家给的

7月17日　星期六　晴

在众人美好的祝愿和焦急的期盼下，我终于在今天上午把胰岛素泵安上了。这两天，花费了甄校长和爸妈多少心血和汗水啊，他们又是了解情况，又是商谈价钱，一会儿跑到这里，一会儿跑到那里！泵安上了，大家总算可以安下心了。多亏了大家的帮助，才使得我可以尽早安上这个对我家来说一直是可望而不可即的"梦想"，免去了对生命安危的担忧，让父母可以放心大胆地去工作、劳动、休息。不然，若叫我们自己去想办法，真的是一筹莫展，又不知要等到何年何月？现在好了，不但泵安上了，这一年里的药费也差不多有了，这样，家里的负担也稍微轻了点。这些，全都是大家的恩赐，所以，可以毫不夸张地说，我的命是大家给的！我只有在内心中说声："谢谢大家，谢谢！"

甄校长的爱

7月19日　星期一　晴

看到我顺利地把胰岛素泵安上了，并且效果还不错，甄校长这才安下心，他打电话给学校领导汇报后，于今早回去了。这几天真是辛苦他了，既没钱住高级宾馆，又没能力吃丰盛的饭菜，更别说花钱到哪里去玩玩了！这还不够，为了我能安上好的泵，并且少花钱，甄校长整天跟着跑这儿跑那儿！为了答谢甄校长的关照和帮助,昨天我们一同去了世界之窗,本想到里面去开开眼界,可一看票价 70 元,我差点吓出一身冷汗。甄校长很通情达理,他知道我们的钱得来不易,能省一点是一点,便说由他出钱,让我们几个小孩子进去看看。我没去,甄校长也因为迁就我而就此作罢了。我觉得很对不起他们,可甄校长却说:"没事,在这外面瞧瞧也挺不错了,那里面或许也好看不到哪儿去!在外面看看也算开了眼界了!"多好的校长啊!

长沙的天气特别炎热,为我国四大火炉之一,就连早晚也能叫人直淌汗。可是为了我,甄校长不惜在烈日底下跑这儿跑那儿,却连一瓶水也舍不得买,他说我们的钱得来不易。甄校长整天这么辛劳,却一句怨言也没有,还经常开导我们,和我逗笑!能有这样的校长,能在这样的学校读书,我感到很幸福!

你一定要记住大家的恩情

7月21日 星期三 阴雨

今天从长沙回来了,到了市里后,我和爸爸专门到市电视台和报社,当面答谢赵编辑和李记者。自从他们知道我的事后,一直惦记着我的身体和学习,还经常打电话来询问我的身体状况。我这次在长沙住院时,李阿姨又打来过一次电话,她问我胰岛素泵是否安上了,还顺利吗,花了多少钱,效果怎么样,目前还有什么问题没有?世界上比我更不幸运的人还有很多,我真的是个幸运儿!大家这么关心我,全心全意地帮助我,我理应前去告诉他们,并请他们告诉所有关心我的人,让他们担心了,现在可放心和安心了。

虽然我们从没和赵叔叔见过面,但是我们一走进赵叔叔的办公室,赵叔叔就立马认出了我们,乐呵呵地招呼我们坐,给我们倒水。听了爸爸说的情况后,还和我们合影留念。赵叔叔人很好,很和蔼,办事时很认真,很投入,而且一点也不摆架子!赵叔叔本打算请我们吃饭并安排客房的，可听说我家还有很多事急着去做，且家里还有一位年迈的外婆时，也只得送我们走！下楼梯时，我们回头，看见赵叔叔还站在走廊上，他笑嘻嘻地冲我们摇手，并叫我们有空再来玩！

到了电视台，才知道李阿姨外出采访去了，爸爸打电话给她后，没过多久李阿姨就回来了，看她满头的汗水直往下淌，就知道她是跑回来的。谢过李阿姨后已是晚上六七点了。当李阿姨再次打来电话时，我们已在返回的车上了。爸爸挂了电话，拍拍我的头，笑着说："咱们丰儿真是运气好，每次都有贵人帮忙！你一定要记住人家的恩情，长大了报答他们，报效祖国，造福人类！"

好姐姐，我让你担心了

7月22日　星期四　晴

今天上午，我们怀着无比感激的心情，到县委会看望了各位领导。他们见我已经回来了都非常高兴，看我的气色比先前好多了，大家也就放心了。在县文联王老师的带领下，我先到了县委宣传部见到了王德光部长，他见我面色红润，脸上露出欣慰的笑容。之后，王部长带我们一家去见覃书记。覃书记一看见我们，嘴都笑得合不拢了。他嘘寒问暖，很热情。覃书记为人很好，他关心群众，体贴百姓，来桑植还没多久就有口皆碑，真是桑植之幸，百姓之幸！覃书记勉励我要好好学习，将来能像龚杰、杨柳一样考上名牌大学，为父母争光，为桑植争光。他还叫我有什么困难主动去找他，他会尽力帮我把事情解决好！多好的书记啊，这才是真正为百姓办好事、办实事的党的好儿子，是咱老百姓的坚强后盾，咱们能有这样的干部，那是我们的福气啊！

与覃书记道了别，我们来到团县委见陈姐姐！我又看到这位乐于助人的好姐姐了，往日募捐时的情景又重现在我的脑海里。5 月 10 日在学校募捐会上，陈姐姐一下子就拿出了二百元钱。到了第二天，陈姐姐又因记挂着我的病情，想让我尽早安上胰岛素泵脱离危险，又专程来到学校，把自己整整一个月的工资连同她为我精心挑选的日记本捐送给我！当学校的小记者采访她时，她深情地望着我说："这些钱，只能表达我的一点敬意，救助刘梅，还需要成千上万的好心人一同努力！一个月的工资，对我来说没什么！没有它，我还是可以照常生活。可是对于刘梅来说，意义就大大不同了。现在，或许连一毛钱都能救她脱离苦海！刘梅在忍受着病痛的折磨，她需要我们大家的帮助！……"当我们走进办公室时，陈姐姐显得十分兴奋。她得知了我的近况后，高兴得笑了，笑得很舒心。她真是一位善解人意的好姐姐！听她说，上次送给我日记本和钱后，还是不放心我，打算再到学校去看看，可一听说我去长沙住院后，几天都没吃好，没睡好！后来几次三番地打电话到我学校询问我的状况，也都没有消息，他们说我从那以后一直都没上过学！陈姐姐说："现在，看到你安然无恙，我心里的这块大石头也总算落地了！"好姐姐，对不起，我叫您担心了！

北京亲人来我家

7 月 23 日 星期五 晴

今天下午，从北京十一学校来的几位老师在熊、甄两位副校长的陪同下专程前来看望我。他们亲切地同我打招呼、交谈，还送给我 500 元钱和三本精心挑选的书《堂吉诃德》(上、下)和《晨雨初听》，并嘱咐我要继续努力，做个生活的强者！听其中一位老师说，北京十一学校的校长听我校的校长和老师们说了我的事后，特别关心，这次本想亲自来看我，无奈，公务缠身，没有时间！谢谢两校的校长和老师对我真诚的关心和美好的祝福！

因为家里穷，所以除了给每位一杯粗茶之外，只有用自家包的粽子来招呼各位了，真是不好意思！可是老师们却一点也不嫌弃，都笑呵呵地接受了。

临走时，老师们纷纷向我们道别，叫我们珍重，其中一位女老师拉着我的手对我说："要努力学习，将来到北京读书、工作！"短短一句话却包含了多少的关心和鼓舞啊！我们一路送他们出来，他们却一直在劝我们"留步吧""请回"，生怕我会累着、发病。当我们把他们送上车后，他们还在叫我们回去，还对我说："刘梅，好好保重身体，有机会咱们在北京见！"我心里好感动，好想哭，但我还是忍着，笑着朝他们挥手道别。面包车开动了，老师们倚着车窗向我们招手："再见啦！回去吧，别送了！"

我不能给大家丢脸

7月25日　星期日　晴

今天，《中国改革报》的余阿姨专门来看我，还送给我一束漂亮的鲜花。余阿姨听说了我的事后很惦记我的身体，今天采访完后得知我已从长沙回来了，就马上来看我。她一路赶过来，早已累得满头大汗，上气不接下气。因为还得赶回去交稿子，所以只待了一会儿就走了，连口茶也没来得及喝！看着大家这么关心我，我不能不受感动。余阿姨临走时抚摸着我的脸，眼里闪着泪花："多可爱的小女孩，长大了一定有出息！"大家这么信任我，我绝不能给大家丢脸，让大家失望，我要继续努力，弥补不足，争取做个五好小公民，"四有"新人。

我的生命是千万人的爱托起的

7月27日　星期二　晴

今天，芭茅溪乡芭茅溪村的一位伯伯又来了，他气喘吁吁地对我说:“我今天来,是特意告诉你们一声,那个方子,里面有很多药一般人没见过,而且和别的一些东西很像,你告诉你爸,没有十足的把握,不要乱采,以免闹出人命!就这么个事,我走啦!”说完又大汗淋漓地离开了。他真是一位好心人!昨天,他在一位叔叔的陪同下找到了我家,告诉爸妈一个药方,说我可以试一试,效果挺好。还说,这药我们知道后可以自己弄,他只动动口,一分钱也不收!多好的人啊!看到这位伯伯离开,我不禁又想起了很多往事。

1996年,若不是刘县长关心和各位医务人员的奋力抢救,我早已完成了我的人生历程;上学期间,若不是各位老师的无微不至的关怀,我的灵魂早已不复存在;生病住院了,若不是朱阿姨竭力抢救、细心照料,我恐怕早就魂归西天;病情发作了,若不是父母、外公外婆、老师同学对我的关心鼓励,我也早已丧失了信心!

犹记得当我端起药碗时父母怜爱的眼神,犹记得病情发作痛苦难耐时老师同学慌乱的脚步,犹记得当我苏醒过来朱阿姨亲切的慰问,犹记得赵玮同学说“她需要我们帮助”时激动的泪花,犹记得募捐活动那天老天爷的眼泪,犹记得陈姐姐黑着眼圈递上682元钱,犹记得爸爸的24位同学在我家欢聚一堂,犹记得班上的同学为我送上的100元钱和幸运星……

成千上万感动的画面,万语千言感人的话语,这一切,都深深地印在我的心里。在模糊的记忆当中,我仿佛看到外公在冲我点头微笑,仿佛看到外婆又在辛辛苦苦地磨制苦瓜粉,仿佛瞧见赵玮为了给我捐钱在忍饥挨饿、省吃俭用,仿佛瞧见陈姐姐夜不能寝的身影,还仿佛看到全县各位老师、同学排着队为我献出自己的爱心……

我的心再也没法平静下来,我想说的太多了,可又不知该从何说起!我想一一拜访各位好心人,可他们都未留下自己的姓名、联系方式,让我无从着手!我想,或许,内心真诚的祝福与日后为他们做点实事会是对他们最好的报答!

我找到了“拥有健康幸福”的钥匙

7月30日　星期五　晴

今天上午,团市委在我家举行了一次短小而感人的捐款活动。此情此景,我不禁又一次想起了《爱的奉献》这首歌,晶莹的泪花又闪现在我的眼中。来自县委宣传部、团市委的领导及张家界荷花机场团委的成员为我献上了一颗颗火热的红心,并将他们的祝福一齐带给我。我接过他们递上来的一张张崭新的钱币,领过他们送给我的四本很有意义、很有价值的书,我激动得只是一个劲儿地鞠躬、道谢。内心的感动,岂是两行热泪所能流露完的！心灵的感激,又岂是几个“谢谢”可以表达尽的！大家对我的关怀、鼓励与帮助,我无以报答,只能将它小心地融进心田,用热泪、用鲜血去浇灌它,培育它,期待它将来能够生根、发芽、长叶、开花,甚至是结果！

捐款活动之后,我们又来到县委会开了一次座谈会。会上,很多代表都向我投来怜爱的目光,王老师、陈姐姐、蔡姐姐、邹爷爷、谷局长等都忍不住落了泪,大家都很同情我,都希望我能彻底摆脱疾病的困扰,一家人健健康康、开开心心地生活！此时此刻,我的心里波涛澎湃,往事历历在目。往日,父母的养育之恩,外公外婆的疼爱之情,老师的教诲,同学的相依相伴,朱阿姨的竭力拯救,使我的生活变得多姿多彩,处处充满了爱,让我有了“必须活下去”的信心和动力;电视台、报社的“真情报道”,教委、关工委的及时救助,好心人的仁义之举,让我找到了“拥有健康幸福”的钥匙。通过它,我们共同开启了爱的窗户,从而让我呼吸到了更多、更广、更深、更真的爱的空气,拥有了“享受美好生活”的基础！我深深地感谢大家,从心底里发出最真挚的声音:谢谢！谢谢！

我面临更大的挑战

7月31日 星期六 晴

今天是7月的最后一天了，再回头看看这些年所经历的风风雨雨，真的是一路有泪，一路有爱，一路有歌！想想在这十个年头中，大家为了我不知操了多少心，流了多少泪？十年来，我日思夜想，盼望有一天，我能潇洒地向疾病说声“Bye—bye”，我们家也能够再次飘出悠扬的曲调，餐桌上能够放上久违的蛋糕、饮料，茶几上能够摆上各样的零食、水果！而现在，我已望见在遥远的天边露出了曙光，我这个糖尿病患者又能回归“自然”的怀抱，这无异于获得一次新的生命！

我深知，我与508型胰岛素泵的这段缘分来之不易。如果不是四万多师生不遗余力地帮助我，安508胰岛素泵那是一个遥远的话题，是个不切实际的梦想，它简直比登天还难！不，登天并不难，因为我已一百多次来到了天庭门外。应该说，它对于血糖一直控制得不好的我来说，比吃一口糖还难！可现在，在大家的共同帮助下，胰岛素泵已经和我形成了一个整体，而糖，我也吃怕了，每次出现低血糖，医生就逼我吃甜得腻心的葡萄糖注射液，并且是一次三四支。解决了这个心头大患，我以后也能像其他孩子一样无忧无虑地学习、娱乐、生活了，父母也总算可以睡个安稳觉了，今后也能够踏踏实实地工作了！但是，我的心里并没有因此而轻松，因为，内疚的感情积压在心头，对人世间一切美好事物的眷恋之情也比以前更加深厚了！我知道，迎接我的，除了兴奋、喜悦、感恩之外，还将有更大的挑战！

我好想回报社会

8月1日 星期日 晴

看着大家共同出力为我买的胰岛素泵,我的心里又在想:我现在该用什么方式报答大家的恩情！究竟该怎么做呢?

以前,我想办个网站,在网上与大家一同探讨问题,并把我所知道的一些东西讲给大家听,还可以为广大糖尿病病友讲一些自己的治病历程和心得！可是,覃书记说,我们现在没有这个经济条件,也没有时间。想想确实如此,办网站要花很多钱,听说办上了以后还要交税。何况我很快就要进初三了,哪里有这么多的时间和精力?覃书记说:“你不要只想到一方面。你还要记得,你毕竟还是个病人,需要休息!”于是,我的第一个想法泡汤了。

后来,我又想把大家捐款剩的钱拿出来建立一个刘梅爱心基金,用以帮助那些好学上进、品学兼优、家境贫困的学生。但邹爷爷、熊爷爷和覃书记他们又都说:“办这个过程很复杂,且还要交很多的钱,恐怕等它办好,钱也已经花光了!”怎么办,我的第二个想法又无情地被扼杀了。

今天上午在书房里看书时,我忽然眼前一亮,有了！我可以用书啊！我可以在家里空出一个房间作为阅览室,把我的书拿出来和大家一起阅读,把书中的知识和大家一同分享啊！而且,我还可以请爸爸妈妈帮忙,把他们的一些藏书也拿出来,有兴趣、有需要的同学也可以拿来看啊！反正这些书摆着也是摆着,与其一人独占,不如与众共享,独乐乐不如众乐乐嘛！倘若这些书真能够带给大家一点知识、一点帮助,我们也都会感到一些欣慰。我们现在没有能力从物质方面报答大家,若是能够给大家一点精神上的回报,那也是好的啊！虽然我的书,相对于书店、学校的阅览室、王老师的书房等而言只是小巫见大巫,但是我想,或多或少还是能够给大家一点帮助的。

通 讯

第 107 次生命

王成均

生命,对于每一个人来说都是公平的,都只给一次机会。可上天好像格外垂青湖南桑植县一位名叫刘梅的白族小女孩,竟给了她 107 次机会。自 1994 年 5 月 26 日年仅五岁的刘梅发现患上 I 型糖尿病那天起,一场场生与死的考验就开始让这个花朵般的生命含笑面对。一次次昏死过去,一次次苏醒过来,刘梅一天天把自己的生活安排得充实而有质量。

刘梅心中有无数个梦想要实现,她不能也不愿言死:她要当一名医生,找到根治这种号称世界“四大隐形杀手”之一的疾病的良方,让更多像她一样还在受到 I 型糖尿病病魔折磨的小朋友们解除痛苦;她要当一名老师,把自己的一颗心扑在学生身上,让无数需要关爱的学生永远得到心灵的慰藉,永远扬起生命的风帆;她要当一名作家,写出许许多多的书,让更多的人们从书中吸收精神的营养,崇尚正义,远离邪恶……

因为心中有希望,因为心中有爱,因为心中有追求,刘梅,一个长着苹果型脸蛋的美丽女孩就这样挺了过来——先后 107 次从生与死的挣扎中挺了过来,从爱与被爱的温暖中挺了过来,从病痛与幸福的煎熬中挺了过来。

107 次生命,是 107 朵盛开的花!

107 次生命,是 107 首动人的歌!

107 次生命,是 107 种人生的诠释!

上天,一个永远的好人,就让我们的刘梅健康而美丽的活着,就让她成为一株永远绿意盎然的树吧,永远,永远,绿在我们的生活里,绿在那些正在父母、爷爷奶奶、外公外婆以及亲人们

怀里撒娇的孩子们的生活里。

第一章 心中有祖国

2004 年 5 月 3 日凌晨 5 点。

首都北京天安门广场。

天际刚刚露出鱼肚白。来自西伯利亚的冷风像一个顽皮的孩子，在偌大的广场欢呼着，穿梭着，不时把等待升旗仪式的如潮人群的头发弄成一簇簇朝天椒。

神圣、肃穆的天安门广场，可时时感受到炎黄子孙激动的心跳。一个个从祖国大江南北来到北京的旅游团，一行行排着整齐队列戴着红领巾或佩戴团徽的中小学生静静地等待着神圣时刻的到来。

数万的人群中，有一支应邀赴北京参加中国小作家全国第一次代表大会，打着中国小作家协会旗帜的观礼队伍格外引人注目。队伍中，有一位来自湘西的白族女孩尤其让人挂心。她叫刘梅。一个年仅 15 岁，身患 I 型糖尿病近十个年头，先后在课堂上与死神进行 107 次抗争的初二女生。

小刘梅静静伫立在观礼队伍中。她仰着头，黑压压的人头挡住了她想看到的国旗班战士迈着整齐步伐、捧着国旗走向旗杆的雄壮。小刘梅在用一颗心，不，在用一腔情感受着，凛冽的寒风在她面前早已失去了威力。激动和幸福在她心头交汇成一股巨大的暖流。此时此刻，还有什么温暖能比得上看到国旗冉冉升起的温暖。

一路陪伴小刘梅的母亲感受到了天气的寒冷，怕女儿感冒，加重病情，想脱下自己的衣衫披在女儿身上，女儿谢绝了。

乐声骤然而起，雄壮高昂的国歌声在广场中心扩散，钻进人的肺腑。热血沸腾，快乐的泪在眼眶旋转，这时，小刘梅才知道什么叫最幸福的时刻，最激动的瞬间。

啊，10 年的期盼，10 年的漫漫等待，10 年的梦缺梦圆，就这样圆了么？小刘梅不相信，不相信这一切都是真的。

是的，小刘梅太激动了。如果没有中国小作家协会副会长兼秘书长金本爷爷的关怀，如果没有《儿童文学》杂志社李志强老师的关心，她是不能圆这个梦的。

鲜艳的五星红旗在雄壮的国歌声中冉冉升起，调皮的西伯利亚冷风仍猎猎地刮着。美丽的五星红旗迎风展动着，如炎黄子孙一浪接一浪为了国家利益甘抛一切的沸腾热血。

小刘梅仰望着冉冉升起的国旗。雄壮嘹亮的国歌在她心中鸣响着，在她耳畔回旋着。小刘梅感觉到自己的心跳得格外厉害，圆圆的脸蛋因激动变得通红通红。她拼命控制自己的心跳，时时告诫自己要控制情绪。可她还是控制不住。当国旗缓缓升到顶端，雄壮的国歌声停了下来。小刘梅仍静静地站着。小刘梅的母亲快步走到女儿身边，扶住女儿缓缓走出队列，小刘梅的母亲快速放下背包，拉开拉链，取出药、针头、钳子，小刘梅熟练地安上注射器针头，往注射器吸进 17 个单位的胰岛素。然后，小刘梅轻轻而又快速地将针头对准肚皮，扎了下去，再用手指缓缓将胰岛素注进。

周围的人都看得惊心动魄。可小刘梅始终面带着微笑。

七点钟，小刘梅和母亲登上了天安门城楼。走上城楼，小刘梅极目远眺，心情是多么豪迈，内心如沸腾的大海：我终于登上天安门城楼了，这可是当年毛爷爷向全世界人民宣告中华人民共和国成立，中国人民从此站立起来的地方。她暗暗告诫自己：刘梅啊刘梅，你一定要珍惜生命，好好地活着。虽然你身体有病，可你的心灵一定要健康，健康。拥有健康心灵的人，才会实现自己的理想，你明白吗？

在天安门城楼，一向节省的刘梅一下大方起来，她购买了许多纪念品，她一边买一边想：这是给干爹干妈的，这是给老师同学的。她的心中，永远装着老师同学亲戚送钱支持她来北京的感激。懂事的小刘梅在天安门城楼只为自己买了一件纪念品，10 元钱。那就是封面为庄重的暗红色的天安门城楼参观证书。

证书里打印着一句话：

刘梅，于2004年5月3日上午7时09分登上天安门城楼，特颁发此证书。

北京市人民政府

天安门地区管理委员会

10时，中国小作家全国第一次代表大会在北京钓鱼台国宾馆举行。一个个闻名已久的大作家走上主席台，小作家代表为他们佩戴红领巾。这时，小刘梅明白了自己想当作家的理想是多么崇高而神圣。小刘梅会前尽管知道自己将作为全国唯一的代表作典型发言，但全国三千多名小作家会员，72名代表，小刘梅深深懂得肩头的重担。当主持人宣布请小刘梅发言时，小刘梅快步走上钓鱼台国宾馆发言席，仍忍不住热泪盈眶。刘梅一字字一句句，与病魔抗争，豁达乐观的精神，矢志不渝追求文学的志向，激起与会者的共鸣。小刘梅的话刚结束，台下响起一阵阵雷鸣般的掌声。来自辽宁的小作家代表聂翘楚同学听了刘梅的发言，当即决定将父母给她在北京用的80元零用钱捐给小刘梅，聂翘楚觉得这比自己用了800元还有意义。小刘梅刚走下发言席，中央电视台记者石阿姨对她进行了专访。

在北京一切的一切，小刘梅仿佛做了一场又一场美丽的梦。当她代表桑植43万老区人民把从开国元勋之一的贺龙爷爷故居取的泥土郑重献给中国小作家协会会长吴翠兰阿姨，委托她转交给2008年奥运馆负责人时，当小刘梅参加中国科技馆中国航天展开幕仪式见到心仪的航天英雄杨利伟时，当小刘梅来到中国现代文学馆见到一个个故去或活着的文学大师用文学振奋中国人的民族精神时，当小刘梅在故宫感受到中华民族建筑艺术的美轮美奂时，当小刘梅走进清华大学感受到中国最高学府的神圣时，当小刘梅参加中国小作家协会与北京前门沟小学举行联欢晚会，一位小作家代表悄悄在她脖子上挂上长命锁时，当金本爷爷一次次关切地询问她的病情时，小刘梅一次次差点被幸福淹没了。

在北京的四天四夜，是小刘梅一生难忘的四天四夜。5月6日11时50分，当从北京西站开往怀化的火车缓缓驶动时，小刘梅深情地望着北京，内心呼唤道：北京，再见了。北京，我还会再来的。我一定会好好地活着。

第二章　热爱生命

小刘梅来到这个世界上不足15个年头，她用什么东西时时牵动着人们的心，吸引着人们的目光？从北京到深圳，从成都到上海，小刘梅是用她的生命说话的，那就是十年如一日，与病魔作斗争，先后107次与死神擦肩而过发出的"我要生生不息，奋斗不止"的呐喊。

作为一个健康人，道一句"热爱生命"，也许是微不足道的。可对小刘梅来说，道一句"热爱生命"，便是一次次翻江倒海般的生死历程。只有从死亡线上挣扎过来的人才会知道生命的可贵，也只有从生与死的考验中走过来的人才会知道人生的美好。

在小刘梅的心目中，没有仇恨，没有嫉妒，只有一颗跳动着的不被命运打败的倔强的心。自五岁患上Ⅰ型糖尿病的那天起，小刘梅就把热爱生命当成她的头等大事。一次次遭遇病痛的折磨，一口口喝下大碗大碗难以下咽的苦药，一月月尝遍一个个治疗糖尿病的民间偏方，每天三次一年三百六十五天将针头扎向自己的身体，小刘梅就这样与死亡之神抗争着。活着，活着，成为她生命的精神支柱。

从五岁患病到2004年5月，小刘梅先后107次在生与死的边沿徘徊。随着病情的加重，开始是国产胰岛素，接着是进口胰岛素，由于不断注射药物，小刘梅已由糖尿病引起多种并发症：酮症酸中毒，轻微白内障，眼底血管病变等。尤其是1996年7月，1998年6月，2000年8月，2001年1月和5月，2004年4月，在刘梅15岁的生命星空中,曾六次与死神只一步之遥。冥冥中,小刘梅觉得有一双手把自己往一个深井里拉,昏暗无底的深井,布满着阴森死亡之气。小刘梅感到好恐惧,她不想离开人世,可生命的那束灯芯又仿佛燃尽了。小刘梅听到父母亲痛不欲生的哭声,看到父母泪如雨下的面孔,她心酸矛盾极了,小刘梅觉得生是父母的希望,死可是父母的解脱呀。小刘梅感到死神一步步逼近。她使出全身力气抬起右手,轻轻地为母亲揩泪,交代后事,"爸,妈,你们不要难过,丰儿,不仅没能报答你们的养育之恩,反让你们受尽了苦,你们别难过。"话没说完,小刘梅的父母和医生一个个感动得热泪盈眶。

其实,小刘梅多么希望能健康地活着。可她觉得自己像一个溺水的孩子,一次又一次在水中挣扎,父母的手,老师的手,同学的手,外公外婆的手,亲戚的手,社会好心人的手等等,都向她伸来。这些手是那么有力,小刘梅拼命一回又一回,小刘梅又活了下来。

只有从死亡线上走过来的人,才会发自内心对一切生命充满无限的爱,活着的小刘梅热爱一切有生命的东西。一棵草不幸被人折断了,小刘梅听到了小草的呻吟,轻轻地把小草扶起来。一只鸟受伤了,小刘梅听到了小鸟妈妈的哭泣,把小鸟抱回家治好了伤,再放回大自然。爱的种子在小刘梅心头萌芽,渐渐地长大,又结成一大串爱的种子。小刘梅八岁那年,在街上遇到了一个因房屋被烧而乞讨的老人,小刘梅同情心顿生,马上把爸爸给的五元钱捐给了他。小刘梅读到了初中一年级,学校开展向身患绝症的向浩博捐款,小刘梅把自己暑假捡废旧物品积攒的50元钱捐了出去。刘梅,一个连自己的生命都时刻受到威胁的女孩,就这样怀着一颗大爱的心,在人间播撒着自己的仁爱。

第三章 崇尚科学

病生久了,日渐重了,病人或家人治病心切,就会产生"病急乱投医”的念头。一些迷信的东西就会乘虚而入，左右病人或家人的心理，从而酿下苦果。

小刘梅生于桑植县职业高中一教职工家庭。刘梅五岁那年患上Ⅰ型糖尿病的那天起，小刘梅的父母内心就明白：只有科学才能救女儿，只有发达的医学才会治好女儿的病。

遇上清醒而不盲从的父母，是小刘梅的幸运。永不放弃对女儿生命的呵护，是小刘梅的幸福，更是为人父母的职责。没日没夜的焦愁，没日没夜的劳累，小刘梅的父母活得很苦，很累，可他们无怨无悔。毕竟女儿是父母身上掉下的一块肉。

女儿刘梅要靠注射胰岛素维持生命，每月需费用七八百元，这还不包括刘梅多年注射胰岛素引起的并发症进医院抢救的费用，小刘梅生病 10 个年头，家里已欠下九万多元的债务。九万多元的债务沉沉地压在刘梅父母的心头。小刘梅父母两个人一个月的工资加起来不足 1700 元。为了以后照顾刘梅的病，小刘梅的父母按政策又要了一个女儿。原本经济就很拮据，一家四口人的开销，加上刘梅的医药费开销，常常是入不敷出。小刘梅的父母尽管日子难熬，他们仍不放弃心中的希望。他们为了让女儿刘梅好好地活下来，并且活得更好，在完成本职工作之余，养猪，种粮食，用卖猪卖粮的钱支撑女儿刘梅的医药费。尽管卖猪卖粮的钱对女儿治病所需的费用来说是沧海一粟，可这毕竟是刘梅父母心中的希望啊。

刘梅父母心中的另一个希望是医学书籍。在小刘梅一间不足 10 平方米的书房里，珍藏着四百多本书。这些书，有些是刘梅从父母给的零用钱节省下来购买的，有些是刘梅寒暑假捡垃圾换来的钱购买的。

在摆放的一排排书柜中，有一排书籍最引人注目，那是八本有关糖尿病的书籍。这些书都是人民卫生出版社，人民军医出版社，陕西、福建等省科学技术出版社公开出版发行的最新权威书籍。每本书都有刘梅父母和刘梅认真翻读的折痕，不少页码还作了重点记号。从《糖尿病》到《糖尿病实用方》，从《糖尿病食疗》到《糖尿病药膳谱》,刘梅的父母和小刘梅曾多少个夜晚在灯光下研读。他们一次次从书中读到了希望。

刘梅多年患病,曾有一些江湖术士和别有用的心人纷纷上门献“好心”。他们有的说刘梅是鬼怪缠身,只要把鬼怪驱逐,刘梅就有救了;刘梅的父母和小刘梅一一拒绝了。刘梅 11 岁那年,又有两个自称“圣教”的人登门游说刘梅一家人。他们许诺说只要刘梅一家入了教,就会坏事不沾边,救人于苦难。刘梅的父母和小刘梅还是拒绝了。

省儿童医院,中南大学湘雅医院附二医院,湖南中医学院附一、附二医院,河南郑州管城中医院,湖北武汉协和医院等等,刘梅的父母都曾带着女儿一次次去诊治,他们从来没有放弃心中的希望,他们相信,随着医学不断发展,女儿刘梅的病一定有治愈的一天。

第四章　孝顺父母

因为有吃不完的药,打不完的针,近十个年头注射胰岛素引起了并发症,小刘梅先后 107 次昏死过去。过多的人生苦难,悄悄让刘梅的心理早熟起来。看到父母常年累月为自己的病情奔波,每每忆起自己昏死过去,父母亲悲伤欲绝的面容,小刘梅常常潸然落泪。小刘梅深深懂得山高比不过海深,海深比不过父母的爱。

小刘梅的一言一行无不时时牵动着父母敏感的神经。小刘梅感冒了,发烧了,头晕了,心慌了……这些症状一出现,小刘梅的父母再忙再累,也要围着女儿转。苦和累不算什么,只要女儿感受到父母的关爱就行。一年又一年,小刘梅昏迷中,就是靠嗅这种爱的气息活了下来。

小刘梅一次次从死神手中挣扎出来,苏醒过来说的第一句话是:“爸,妈,又让你们操心了。”做的第一个动作是替母亲揩掉牵挂的泪滴。

爱是什么？爱是一种牵挂。爱是什么？爱是一种体贴。小刘梅的话和体贴更坚定了父母治愈女儿病的决心。就这样一年又一年，小刘梅靠着牵挂和体贴熬了过来。熬是一种多么艰辛的历程。熬是生命对生命的承诺。熬是一种爱对一种爱的升华。

小刘梅知道父母活得太疲倦了。小刘梅无数次走在回家的路上，或躺在病床上，想一走了之。家乡那条清澈的澧水河是她理想中的归宿。有一次，小刘梅走到澧水边，望着清澈如许的澧水中自己忧虑的面孔，小刘梅不敢想像，自己走了之后，父母会是怎样一种绝望。小刘梅坐在深不可测的澧水边，望着静如处子的澧水，流泪了。自小刘梅患上Ⅰ型糖尿病那天起，就把昔日撒娇的哭嚎丢得远远的。每每病痛发作，每每疼痛难忍，小刘梅都会咬紧牙关，让一阵阵巨痛在身上膨胀、冲撞，撕咬每一块健康的神经，可不管怎样难受，小刘梅决不会呻吟一声。她知道自己的呻吟会加重父母的牵挂。父母为了她的病情，活在没日没夜的焦愁中，活在没日没夜的精打细算中，每一分钱恨不得掰成两分花，小刘梅不会让自己病痛时哼出的呻吟加重父母心头的重荷，父母活得太累了。

小刘梅是个孝顺的女儿。在家里，父母到山上做农活去了，小刘梅会把家里打扫得干干净净，把一家人的脏衣服洗好晾干。黄昏，小刘梅会做好可口的饭菜，烧好滚烫的热茶，静候父母的归来。小刘梅知道妈妈有胆结石，饭不能太硬，她就把饭煮得软软的；小刘梅知道父亲劳动累了，喜欢喝杯热茶解渴，小刘梅会端上一杯热茶递到父亲手中。有时，父母看女儿忍着病痛做事，心疼不已，叫女儿不要做事。小刘梅一听，眼眶一下盈满了泪："爸，妈，你们操心是为了谁，还不是为了我。乌鸦尚懂反哺之情，何况我呢。没有你们的爱相伴，哪有我活到今天的幸福。你们就让我尽一点孝道吧。"

小刘梅的这番话常引得父母泪水涟涟。这是一个用泪水浸泡的爱的家庭，这又是一个用泪水浸泡的幸福家庭。不要以为幸福只会在丰衣足食的家庭中存在,有时在贫困交加的日子,在最艰难的生活中,更能体验到幸福的美丽。

小刘梅一家人对幸福的理解就属于后者。也许小刘梅还不很懂孝顺父母的真正内涵,她只知道炎热的夏季,父亲坐在灯光下为她抄写民间偏方时热得满头大汗,她会替父亲擦汗。小刘梅一旦知道母亲胆结石发作,躺在床上痛苦扭动,她会守在母亲身边,给母亲喂药倒水,待母亲睡熟后,给母亲盖好被子。

爱到无声胜有声,点点滴滴尽孝心。

小刘梅内心明白:活着,不应是一种行尸走肉地活着,而是一种心灵健康的活着。走过太多太多曲折的路,饱尝过一次次生离死别,小刘梅深深懂得活着更是一种承诺。小刘梅已把死亡看得很淡,可她注重的是一种让父母觉得女儿没白养的感受。小刘梅知道自己还小,无法用金钱报答父母的爱。孝顺的小刘梅先后 107 次死里逃生,苏醒过来后,她最大的心愿就是读书写字,用优秀的成绩回报父母的爱。小刘梅在这方面做得很出色,从五岁多患病到初中二年级,小刘梅只有一次因患病住院时间太长,考试是全年级第八名,除此每次考试都是全年级前三名。一些身体健康,学习刻苦的同学,面对刘梅,是发自内心的敬佩。他们知道刘梅同学不是天资过人,而是靠一种锲而不舍的精神。刘梅同学只要不发病,她的脑海只装着一种东西:学习,学习,再学习。

年年是学习标兵,期期是三好生、优秀干部。可小刘梅把得到的奖状、证书悄悄收着,她没有告诉父母。她认为心海沸腾着滚烫的爱要比甜言蜜语强几十倍。

当躺在病床上被抢救的小刘梅应作者再三请求,允许在她的书房查找她的部分日记时,一个个荣誉证书,一个个同学扔弃的铅笔头从最隐蔽的地方现了出来。这就是一个女儿对父母的爱。我们不由被小刘梅孝敬父母的人格魅力震撼了。

小刘梅,她还不满 15 岁,她的心里却盛着这么多的深情厚谊,真是太让人怜爱了。

第五章 知恩 感恩

2004年5月10日至11日，中共中央在北京召开全国加强和改进未成年人思想道德建设工作会议，中共中央总书记胡锦涛发表重要讲话：要使广大未成年人成长为中国特色社会主义事业的合格建设者和可靠接班人，不仅要大力提高他们的科学文化素质，而且更要大力提高他们的思想道德素质，使他们从小就形成良好的精神和品德，树立起热爱祖国，决心为祖国的繁荣富强贡献自己全部力量的坚定信念，树立起自强不息、不怕任何艰难险阻、勇往直前的奋斗精神，树立与时俱进、勇于创新的开拓精神，努力成为祖国现代化事业发展的强大后备军。

胡锦涛总书记的讲话饱含着党和国家领导人对年轻一代事业继承者的厚望，饱含着社会各界要给未成年人创造良好社会环境的希望。

年仅15岁的小刘梅与疾病抗争近十个年头。从患病开始，一直给小刘梅治病的县中医院主治医生朱桂芳说过一句让人难忘的话："人最怕的是失去信心。我曾诊治过和小刘梅一样病症的孩子，由于他们的父母和孩子自己绝望了，放弃了生命的信心，不出两年就离开了人世。小刘梅之所以活到现在，活得很好，最大原因是刘梅身上包裹着一张无形的网，这是一张可大书特书的社会关爱的网。社会的、父母的、师生的、亲人的、医生等等的爱，关心着她，呵护着她，让小刘梅感觉到生命的美好。"

当有的人牢骚满腹埋怨社会没有给孩子们营造一个好的社会环境时，却没想到自己如何以身作则，为孩子创造一个好的环境。可小刘梅明白她之所以一次次从死神手中挺了过来，就是因为社会在关心她，保护她。每每她昏死过去，每每她躺在医院，一声问候，一束鲜花，一个日记本，老师同学背着她进医院抢救的急促脚步声，以及同学主动帮她捡垃圾卖钱凑医药费等等，小刘梅都感受到了。

小刘梅明白自己经济困难，没有钱买礼物表达自己的感恩之情。教师节来了，小刘梅没钱买礼物，就来到关心她的老师房前，深情地望几眼，她多么想走进老师的房间，道一声："老师，节日快乐。"可她知道中国是崇尚礼仪的文明古国，她用一句感谢又怎能表达自己的千般感激万般热爱。

同学过生日了，小刘梅送不起礼物，她就亲手做一张贺卡，用她全心的情和感激来表达。有时病痛发作了，小刘梅拼命压抑身体的疼痛，总是现出一脸笑容。此时此刻，没有人感受到小刘梅心中的疼痛已掀起惊涛骇浪。

社会的爱，是小刘梅活着的精神支柱，知恩感恩，是流淌在小刘梅心中的一支美妙的歌。也许，在某些人的眼里，小刘梅的知恩感恩是一句话，一个微笑，一个注目，一声报答，一张贺卡，这太平凡了。可有谁明白，这是世界上最朴素最真挚最动人的东西。活着，就是一种幸福，一种快乐。每个关心刘梅的人，都是刘梅感激的对象。小刘梅的感激就是一篇篇发自肺腑的日记。长达七年的数百篇抗病日记，真实地流露着一个小女孩认真纯朴的真情。这一篇篇日记交织着一个小女孩长时间与病魔作生死抗争的情感。每每夜深人静，每每病痛刚过，小刘梅便握起手中的笔倾诉自己对社会的感恩。

善待小刘梅那份来自心灵深处的知恩感恩，已成为无数与小刘梅接触过的人的共同心声。小刘梅，在大家心中，不仅是一个时时与死亡之神抗争的小刘梅，还是一个活泼可爱、生命之树常绿的小刘梅。

国家教育部部长周济谈到切实加强和改进青少年学生思想道德教育，提出要努力营造学校教育、家庭教育和社会教育相互协调、配合的育人网络，而小刘梅的健康活着，正是学校、家庭、社会教育网络相互配合的有力佐证。

关心一个孩子的成长，不仅是让他拥有一个健康的身体，更要让他拥有一个健康的环境。

第六章 107 次生命之谜

走近刘梅，我们就会发现刘梅不像一个病人。活泼、可爱，一颗善解人意的心时时跳动着对别人的关怀体贴，一脸灿烂的笑容时时定格在她苹果似的红润圆脸蛋上。

解读刘梅，我们就会心酸心疼。一个年仅 15 岁的小女孩竟与病痛抗争了 10 年之久。想吃的东西不能吃，不想吃的东西要大碗大碗地强咽下去。为了好好地活着，为了明天的理想，刘梅在与时间赛跑。在刘梅身上，毅力是生命最好的诠释。

刘梅在与疾病抗争的 10 年艰辛历程，不亚于一次生命的万里长征。107 次昏死过去，又 107 次从死神手中挣脱出来，一个年仅 15 岁的小孩就这样创造着生命的奇迹。

107 次生命，有 107 个活着的理由。走近刘梅的 107 次生命，我们就会发现其中的答案。

答案之一　书是生命的寄托

我向同学借了一本《上下五千年》，除了上课时间，我都在看这书。它让我忘记病痛，忘记发病时的恐惧。好书真是一剂良药啊，它实在太好看了。星期五回来后，我都没有吃饭，妈妈当时还以为我哪儿不适，急得不得了。可后来知道是书惹的祸时，她哭笑不得……

《刘梅日记》摘抄

与字典交朋友

湖南桑植县是一个老、少、边、穷山区县，地处湘西北边陲，全县43万人口,16个少数民族占全县总人口的88%。1989年7月19日,刘梅就出生在一个少数民族教职工家庭,父亲刘红卫是土家族,母亲谷青月是白族。刘梅的族别随母,是白族。刘梅乳名叫刘丰。

这是一个曾让无数人羡慕的家庭。刘梅父母亲所工作的学校是专为桑植县培养人才的中等职业学校,父亲刘红卫是学校的中层领导骨干,教学管理有一套,深受师生信赖,母亲谷青月是学校图书馆的职工,善良贤淑,团结邻里,很受人尊敬。

刘梅出生后,很快长成了一个人见人爱的快乐小天使。她天真活泼,一张苹果型的小脸时时挂着笑容,一双灵活的眼睛时时透出对生活的爱。父亲刘红卫和母亲谷青月工资不高,他们每年要挤出钱赡养两边的老人以及资助兄弟姐妹成家立业,可再拮据,刘梅的父母都要省出一点钱给女儿添置几套好衣裳,把女儿打扮得漂漂亮亮。刘梅三岁那年,父母就把她送到学前班,打扮得漂漂亮亮的刘梅来到学前班,一下引起全校同龄孩子的羡慕。啊,刘梅的漂亮花裙子配上苹果似的小圆脸,要多美有多美。放学了,刘梅的身后都要跟着一大群孩子,他们不时扯扯刘梅的衣服,感受一下衣服的美丽。

刘梅的父母亲上班忙,懂事的刘梅很快找到了一个好伙伴——书。开始,刘梅不识字,待爸爸妈妈下了班,她就缠着爸爸妈妈讲故事。毕竟,爸爸妈妈陪她玩,给她讲故事的时间有限,刘梅就希望自己能看书。一天,爸爸妈妈下了班,见刘梅一脸的心事,觉得有趣,问刘梅:"丰儿,你有什么烦心事?"

"唉,我太孤单了。你们天天忙工作,也没时间陪丰儿玩,要是你们教我怎样读书,我就不孤单了。"

"咦,书又不会说话,你怎么不孤单呢?"爸爸刘红卫惊奇地问。

"书里有好多好多的故事,好多好多的小动物,我可以和他们玩呀!"

听了刘梅的话,母亲谷青月很高兴,忍不住抱起刘梅,狠狠地亲了女儿一口说:“我们的丰儿有思想啦,好,红卫,你要帮丰儿这个忙。”

“太简单了,丰儿,你只要和字典交上朋友,没有解决不了的问题。”

“真的?”

“真的。”

“丰儿,字典能让你认识所有的字。你只要学会查字典,就一切好办了。”妈妈告诉刘梅说。

“爸爸,爸爸,你快教我查字典,我要学习好多好多的知识,成为一个大学问家。”刘梅缠着父亲刘红卫不放。

刘红卫内心说不出的欢喜,女儿能积极上进,是好事,他马上拿来字典,教女儿学拼音,再告诉她怎样按拼音查字典。

我要成为一个大学问家

不到一个星期,刘梅就学会了查字典。刘梅学会查字典,刘红卫、谷青月夫妇又多了一笔开支:女儿要书看。刘梅一本本书看完了,看懂了,就把书收藏起来,要父母亲买新书。母亲谷青月有点担心,对丈夫刘红卫说:“女儿这么爱看书,是不是有点早熟。”刘红卫听了,笑了起来:“女儿才三岁,你这不是杞人忧天吗?女儿爱学习,是好事,我高兴还来不及呢,只要女儿爱学习,我们再苦,也要满足女儿的求知欲。”

刘红卫在女儿心中永远是一个信守诺言的父亲。刘红卫到县城出差,到武汉读书,宁愿少吃一顿饭也要给女儿买些书。1993年7月19日,刘梅四岁生日,这是一个大晴天,刘梅把爸妈给她买的一纸箱书全搬了出来晒太阳。学校一些老师和学生来为刘梅过生日,见了都说:“丰儿,没想到你有这么多书,真了不起。”

刘梅骄傲地说:“我今后要收藏更多的书,成为一个大学问家,你们有什么问题,就问我这个字典。”刘梅说着,说着,拍了拍

自己的脑袋,一席话说得大家哈哈大笑。

傍晚,刘梅把晒的书一本本装进纸箱,搬不动,母亲谷青月就来帮忙。当母亲要把书放进橱柜时,刘梅不干,她对母亲说:“妈妈,妈妈,我今天要和书睡,你帮我把书搬到床上。”

母亲谷青月笑了,她刮了刮女儿刘梅的鼻子,说:“你呀,莫变成了一个书虫!到时,妈妈就有了一个书虫女儿。”

夜晚,刘梅抱着纸箱美美地睡了一觉,抱着书睡觉,刘梅感到踏实,觉得自己成了世界上最幸福最快乐的人。

刘梅做梦也没想到,四天后,一场百年难遇的洪灾卷走了刘梅的大部分书籍,那就是当晚中央电视台新闻联播介绍的全国两大暴雨中心之一的桑植发生的特大洪灾,降雨量达250.6mm,超历史之最。刘梅父母所在的学校全被淹没,刘梅家住在一楼的房间在洪水中浸泡了16个小时。

洪水退后,躲在高山上随父母一同逃命的刘梅哭着闹着要回家找书,父母不准,刘梅死活不干。父母亲没办法,就把女儿带回家。在淤泥中,刘梅一边用幼嫩的小手没命地扒开淤泥,一边哭着喊:《金刚葫芦娃》,你在哪里?《一千零一夜》,你在哪里?《安徒生童话选》,你在哪里?

母亲谷青月见了,也帮着女儿从淤泥中找心爱的书籍。书找到了,可早被洪水浸泡得不成样子。刘梅端来水,一本本洗着,泪不停地流着。她沉浸于失去书籍的悲伤里,不想说话,不愿说话,天真活泼的样子不见了。刘梅的妈妈哭了:“丰儿,丰儿,书没有了,可以再买,你千万不要伤心、难过!”刘梅不吭声。

“丰儿,我们学校要搬进县城,县城有大大的新华书店,一有时间,我就带你去买书。”父亲刘红卫哄女儿说。刘梅还是不吭声,四岁的刘梅已深深沉浸于失去书的痛苦中。

不幸降临

进城后,父母亲把四岁的刘梅送进县幼儿园。失去书籍的悲伤时时笼罩在刘梅心头。刘梅的父母亲很想让女儿快乐活泼起来，看到爱说爱笑的女儿变得不爱说话，母亲急了，她哭着把情况告诉了幼儿园的姚桃英老师。桃英老师是个很负责任的老师，上课时，她一次次把目光投向刘梅，一次次把自己的书送给刘梅，书有了，刘梅心中又有了阳光，受到关注的刘梅很快从悲伤中走了出来。刘梅喜欢唱歌、跳舞、画画、成为一个多才多艺的好孩子，1994 年 5 月，全省第一届健美儿童评选，刘梅光荣地被评为湖南省健美儿童。

评上全省健美儿童不久，刘梅觉得身子没劲，白天晚上爱做梦，老是讲着梦话。刘梅的爸爸妈妈急了，带着刘梅到医院看病，医生根据症状，初步诊断为肾虚。吃药十天后，刘梅的病情没有减轻，反而加重了，并出现了尿床，开始是几天一次，后来是两三天尿一次，到后来是一晚上尿五次。

刘梅是个很爱干净的孩子。一天晚上，刘梅尿床五次，不敢睡了，蹲在床角哭起来，妈妈不停地帮她换被子，刘梅哭了："妈妈，妈妈，我是好孩子，我不想尿床，可就是不知道。"刘梅的母亲搂着女儿，心疼地说："丰丰，在妈妈心中，你永远是个乖孩子。"

刘梅的父母不放心，带着女儿到县中医院进行一次全面检查，查尿糖，是"++++"，查空腹血糖，是"8.3"，诊断为糖尿病。刘梅的父母接过诊断书，不相信命运会这么残酷，这么不公，他们的女儿才五岁。刘梅的父母不信，又把女儿带到长沙附二医院复诊，一检查，不仅是糖尿病，而且还是糖尿病Ⅰ型。面对这个晴天霹雳，刘梅的父母握着诊断书，心头如刀割一般。

刘梅的父母知道现实是无法改变的，既然女儿得了病，他们心中只有一个念头：让女儿好好活着。

刘梅怕打针，一打针就哭。开始，看到女儿哭，母亲陪着流泪。后来，刘梅的父母买来了《一千零一夜》，刘梅打针时，父母就给她念故事，没想到这法子真灵，听着故事，刘梅一下沉入美丽动人的故事里，医生打针，刘梅也不哭了。医生见了，一个个感动不已。

生命的寄托

自从刘梅患上糖尿病，刘梅的父母从没放弃过对刘梅的治疗。从县中医院到省儿童医院，从中南大学湘雅医院附二医院到湖南中医学院附一、附二医院，从河南郑州管城中医院到湖北武汉协和医院乃至哈尔滨糖尿病医院等等，长达十年的来回奔波里，刘梅路上唯一带的东西就是书籍。《一千零一夜》、《三国演义》、《说唐》、《说岳全传》、《水浒传》、《西游记》，刘梅从一本本书籍中汲取精神的营养，用书籍来忘记病痛。当手臂上的血管扎破了，抽不到血，医生一次次开始抽颈项、腿、脚上的血时，来自身体剧烈的疼痛用什么来缓解，刘梅想到了书。

刘梅深深感谢书籍给她带来的欢乐和幸福。当她经受病痛的折磨时，是书让她的精神不倒，当她一次次在教室里昏死过去，冥冥中有一种声音在提醒她：刘梅，世界上的知识有千千万万，就像一个大海，你连一滴水的知识都没有，你千万不能离开这个美丽的知识世界。

从幼儿园到小学，从小学到初中，刘梅先后在课堂上昏倒上百次。可当她苏醒过来，第一个念头就是看看自己是否在教室里，是否把书弄脏了。那是一个美丽得让人落泪的心愿。当许多同学虽坐在教室里，心思却在盼望早些下课，早点坐上电脑游戏室的位子，或思考怎样花掉父母给的零花钱时，而刘梅死而复生后的最大享受是听到老师亲切的讲课声，或死死握着笔记下老师讲的知识，那是刘梅刻骨铭心的幸福和陶醉。没有什么比生命更可贵的东西，可生命靠什么支撑，那就是对知识的渴望。刘梅就这样一天天挺了过来，让每一天的生活过得丰富而有质量。

一次次昏倒苏醒过来后重新走进教室，一次次躺在病床上忍受病痛的折磨用书籍忘却来自生命的威胁，刘梅找到了一条生命不息的阳光通道——书籍。书寄托了刘梅对生命的渴望，对生命的爱。

答案之二　爱是生命的源泉

我知道这世界上的人都在骗我。爸爸妈妈说我的病能治好，外公外婆说我的病能治好，老师同学和一些大人说我的病能治好。这些只不过是对我的安慰罢了。我知道，他们的话是善意的谎言。可这种谎言也是爱啊！

《刘梅日记》摘抄

我和死神捉迷藏

在刘梅的日记中，曾多次提到了自己的生与死。这对一个不满 15 岁的小女孩来说，是残酷的。没有什么比生命更让人珍爱的，尤其是一个对知识充满渴望如花朵般的鲜活女孩。我们在采访中，一次次从老师，从同学，从刘梅的父母谈话中，以及从刘梅的抗病日记中，了解到刘梅与死神的抗争。作为一个健康人，我们不能不发自内心表达对这个渴望知识渴望生命的小女孩的敬意。

从 5 岁到 15 岁，刘梅先后 107 次从死神手中挣扎出来，一次次劫后重生。刘梅早已对死亡淡然，其实这不是因为她的心里能够承受，而是过多的磨难让她早早成熟。每次活了下来，她总是欣慰地对亲友们说："我与死神总是擦肩而过，我和死神时时玩着捉迷藏的游戏，不是她找我，就是我找她，可我不怕，我有爱的光环照着，爸爸妈妈的爱，外公外婆的爱，老师同学的爱，社会的爱，这不，我照样活得好好的。"

听到刘梅的话，我们的心禁不住一阵震撼。这是一个不足 15 岁的女孩说的话吗？10 年来，每天注射三针胰岛素，每天三餐药,有时还有许多好心人送来的偏方,刘梅有吃不完的药,打不完的针。可刘梅不怕,过多的药物,刘梅已由糖尿病引起酮症酸中毒、轻微白内障、眼底血管病变等多种并发症。酮症酸中毒,使刘梅多次昏倒在教室,轻微白内障曾使刘梅几次眼睛失明,眼底血管病变曾让刘梅数次痛昏过去,这都是刘梅必须接受的生命挑战。

父母的爱

我们感谢上天赐予刘梅如此慈爱的父母。不可否认,四岁前的刘梅曾是一朵温室里的花,一直过着饭来张口、衣来伸手的生活,撒娇,想要的东西一定要得到,她不过是享受着整个中国一些“小公主”“小皇帝”一样的待遇。如果没有病,刘梅也许永远长在这样一个环境中,过着无忧无虑的生活。当刘梅患了糖尿病后,刘梅的父母很快从悲伤中清醒过来。他们心中有一个神圣的理念,女儿永远是自己的血,是一个活生生的生命,他们要让她活下来。

1993 年“7. 23”,1998 年“7. 22”两次特大洪灾,刘梅的家曾两次遭到洪水袭击,刘梅的父母辛辛苦苦积攒下的家当被洗劫一空,加上女儿每年数万元的医药费,刘梅的父母早已背上近 10 万元的沉甸甸的债务。为了给女儿治病,刘梅的父母建起了猪栏,每年喂养 10 头猪,附近的农户无偿给刘梅父母五亩土地,让他们种粮食养家糊口。一天又一天,一年又一年,刘梅的父母用自己没日没夜的劳作感染着刘梅,影响着刘梅。刘梅从父母身上,感受到了浓浓的爱。

刘梅的母亲患胆结石六年了,每当病情发作,她痛倒在床上打滚时,总是吃几颗去痛片压痛。医院下了多次动手术的通知,刘梅的母亲都婉拒了。她的心中,女儿刘梅才是重中之重。刘梅的父亲为了研究、掌握女儿的病情,购买了许多有关糖尿病的书籍,上完班,他就钻进书房学习,希望找到一个好药方。刘梅一次次从父亲伏案抄写的背影中感受到父爱。

刘梅患上糖尿病不久，刘梅的父母就学会了打针。他们知道女儿的病不是一天两天，他们得自己当医生。后来，刘梅的父母要出差，就教女儿刘梅自己学打针。那是2000年6月30日，当时，刘梅听到母亲要她自己打针时，吓慌了。她多么希望母亲放她一马，没想到平时对她很好的母亲心硬如铁，逼着刘梅打针，泪在眼眶里转，刘梅拿着针，不敢往肚子上扎下去，手颤抖着。这时她把求助的希望寄托到父亲身上，她希望爸爸能解围，没想到爸爸进来后，说了句"胆子大点，你会的"。听了爸爸的话，刘梅知道没有退路了，她横下心，一下扎了下去，刘梅只觉得自己的肚皮被什么东西撞了一下，就这样刘梅学会了打针。刘梅不久就知道父母的良苦用心。一次发病了，爸爸妈妈没在身边，刘梅马上给自己打了针，很快稳住了病情。那时，刘梅才明白，要想活着，不仅要靠父母，更要靠自己。

老师的爱

刘梅觉得自己是幸福的。因为从幼儿园到小学，再到初中，她时时刻刻受到老师们的关心照顾。这种爱不是暂时的，而是永远的。

上了小学，读了初中，幼儿园的姚桃英老师放心不下刘梅，每年都要看望她，询问一下她的病情。刘梅发病住进了医院，姚老师都会送点钱。在刘梅心中，姚桃英老师是她活下去、活得更好的爱的源泉。

刘梅觉得幸运。到了小学，她又遇到了朱灵芝老师，发病了，朱灵芝老师会背着她上医院，伏在朱老师的背上，刘梅感到自己靠到了一棵大树。一次，学校举行升国旗仪式，刘梅感到身体不舒服，可她希望听到昂扬的国歌声，希望看到冉冉升起的国旗，便忍着病痛站到操场上，可她没坚持几分钟，就倒在操场上。醒来，刘梅见了朱老师热泪满面的脸，好感动。她看到了一个老师对自己如母亲对女儿般疼爱的目光，当时，刘梅好想喊一声：“妈妈。”可她没有喊，她知道爱是用心感受的。

考上了十一中学，刘梅几次因无钱交学费面临失学，学校校长戴文胜为其减免了学费。班主任谷爱庆老师了解到刘梅家里的情况，得知刘梅不顾病痛捡垃圾卖了凑学费，就动员全班学生为刘梅同学每周捡两次废旧物品，交给刘梅卖钱，此活动坚持近两年。有时刘梅在课堂上发了病。班上的同学会按照老师教会的急救方法，给刘梅灌水喂药，一次次帮助刘梅渡过生死难关。刘梅心头永远储藏着爱，这种爱激励她努力学习，关爱集体，关爱社会。

外公外婆的爱

刘梅的外公外婆家在农村。自外孙女刘梅患上糖尿病那天起，两位老人就省吃俭用，把钱攒给刘梅治病。一次，他们不知从哪里听到了苦瓜粉可治糖尿病的秘方，便欣喜若狂，就在自家的菜园里全部种上了苦瓜，精心培育。苦瓜长大后，他们把一个个苦瓜切细，晒干，磨成苦瓜粉。刘梅的外公爱吃苦瓜，可自从刘梅吃苦瓜粉病情好转，他再也没吃一口苦瓜，直到患上晚期癌症，他临终前想吃苦瓜，可他的遗言却是要求刘梅的父母治好刘梅的病。

刘梅的外公去世后，刘梅的外婆就开始捡废旧物品。在农村，刘梅的外婆常常捡一两个月的废旧物品，才卖到十来元钱。可她仍坚持着。一次，刘梅的外婆看到公路中间有一个娃哈哈瓶子，高兴极了，几步冲上前，没料到一辆摩托车飞驰而来，外婆被重重撞倒在地，当场昏死过去。送进医院抢救，外婆的手臂粉碎性骨折，可她仍死死握着瓶子。

白衣天使们的爱

爱是刘梅战胜病魔力量之源,而很多时间在病床上度过的刘梅,对白衣天使的爱更深。刘梅深深感谢上天,让她遇到了一大批像县中医院朱桂芳阿姨这样的好心人。朱桂芳阿姨从刘梅五岁开始,几乎就成了她的专职医生,刘梅一发了病,有时是半夜,只要一个电话打到朱医生的家,朱医生会从热烘烘的被子里爬出来,跑到刘梅的家进行急救。刘梅住进县中医院,县中医院领导只象征性地收点药费,床位费、护理费一概免收。在长沙湘雅医院附二医院,主治医师周教授总是细心诊治,不厌其烦,还送给刘梅一支价值上千元的胰岛素笔式注射器。

社会的爱

刘梅自强不息,渴求知识,不断与死神抗争的精神深深感染着社会。桑植县快速作文培训中心是县作协为发现培养文学作者而创办的有偿服务培训机构。当培训中心的老师了解到刘梅同学的事迹后,与学校副校长熊朝述、语文课老师张爱民取得联系,全部免费。县作协主席石绍河亲自指导,鼓励刘梅同学奋发向上。

刘梅的家先后两次遭到洪灾。刘梅的父母被洪水冲怕了,为了给女儿一个好的生活环境,他们在一个地势高的山脚下购得一块土地,借钱 6 万元,修起一栋砖房。附近的农户了解到刘梅家里的情况,纷纷把自家的土地让给刘梅的父母种。种的苞谷要收了,附近的农户主动帮助采收,司机还开着车帮助运回家中,一分钱也不收。刘梅母亲的同事沙晓明,每次出差,都不忘给刘梅送一份礼物,把自己出差后的所见所闻说给刘梅听。刘梅深深感受到了这些爱。刘梅的父母为了给女儿凑医药费,修了几间猪栏,过去用的传统喂法,一头猪出栏要大半年。桑植县明珠饲料技术开发有限公司老总蔡文树知道后，来到刘梅的家，决定为他家赊饲料，告诉刘梅的父母喂明珠饲料，只需三个月就可出栏，猪出栏后，再付饲料款。

一切的一切，刘梅都感受到了。每每从死神怀抱里挣脱出来，刘梅内心暗暗发誓：我要活下来，一定要活下来，报答父母、老师、外婆、医生和社会的爱。

答案之三　自强是生命的后盾

我一年又一年，寻找着，寻找着，一路有爱，一路有歌。那是天使向我发出战胜疾病的召唤！

《刘梅日记》摘抄

心中有杆分忧的秤

刘梅实在太懂事了。懂事得让人心疼。刘梅的母亲一说起女儿的懂事，说着，说着，先是哽咽，继而哭泣，最后是放声大哭。

刘梅的懂事，是1997年。那年，刘梅身患糖尿病已三年。读完小学二年级，刘梅开始写日记。写日记时，刘梅有许多字写不出来，就用拼音代替。在她的一篇篇日记里，我们读到了一个孩子与疾病抗争的心路历程。从恐惧到害怕，从害怕到依赖，从依赖到自救，从刘梅的身上，我们读到了中华民族的优良传统，那是面对危难不屈不挠抗争到底的精神。几年前，一位姓孟的报告文学作家曾从中日青少年夏令营中发现中国青少年的危机。其实，那只是在大都市中部分生活优裕的青少年的一种现象。面对我们的刘梅，你会发现中国的青少年是那么渴望生命，渴望奉献，渴望报国。有时，一滴水可现沧海之神奇，在刘梅身上，我们一次次感受着生命的美丽。

刘梅的书屋里，有一个不太起眼的废旧小纸盒。小纸盒里装着数以百计的铅笔头。这些铅笔头长约两三厘米,那是小学同学送给刘梅或是刘梅从垃圾堆捡的。刘梅的母亲说女儿读小学时,只给刘梅一次性买过五支铅笔,可这些铅笔除了削的一支已写了一半外,其余四支仍崭新如故。刘梅的母亲感到奇怪。直到一次放学,刘梅的母亲接女儿,看到班上一位同学喊刘梅。刘梅走过去,接过一个东西,就走了过来。当时,刘梅母亲很生气,认为女儿不学好,随便要东西。母亲要刘梅把手里的东西给她看,刘梅不肯,母亲气哭了:"好,好,你大了,翅膀硬了,可以不听妈妈的话,可今天,你不改正坏毛病,我再也不疼你了。""妈妈,你别难过,我没做错事,这是班上同学要扔掉的铅笔头,他们晓得我爱写铅笔头,就把准备扔掉的送给我。""我的好女儿,妈妈错怪了你。"刘梅妈妈悲从心头起,一把抱住女儿,泪流满面。

一年又一年,刘梅就用那些短短的铅笔头写字做作业。刘梅很高兴,这些短铅笔没有给她丢脸,每次考试,刘梅都取得了好成绩。刘梅患上糖尿病后,她看到父母亲没日没夜地为她操劳、奔波,身为孩子的她多么想给父母分一下忧,可她是一个未成年的孩子,只能做一些力所能及的事,每月 700 元的药费开支,加上病情严重送到医院抢救的费用,看到家里因她的病债务一天天增多,刘梅的心很沉重。她不想言死,因为死对她来说是一种不负责的人生态度。自五岁那年生病起,刘梅觉得欠了来自父母的、外公外婆的、医生的、老师的、同学的、社会的等等许许多多情,在中华民族这种崇尚礼仪的大家庭,她如不还情,她自己也感到无地自容,枉为人生。正是这种思想情感支配着她,鼓舞着她。写铅笔头不是丑事,刘梅心中自有一杆秤,那是替父母分忧的秤。

捡垃圾的学习标兵

每年的寒暑假,别的学生早被父母安排到各种补习班读书或者到外地度假,而我们的刘梅却顶着烈日,逆着寒风,奔波在县城大大小小的垃圾堆间，她要捡废旧物品，送到收购站卖钱。有时，刘梅捡着捡着，病情发作了，她马上靠在某个地方稍稍休息一会，待病情缓和后，又继续捡。捡垃圾累了，刘梅就翻出书看一会儿，休息一下。一天又一天，一年又一年，刘梅就这样在寒暑假圆着自己为父母分担忧愁的梦。每年寒暑假结束，我们的小刘梅把积攒一冬或一夏的百十元钱交到父母的手中，那一张张浸满刘梅汗渍的钱，饱含着刘梅一颗体贴父母的女儿心。

刘梅 13 岁那年暑假，到县城繁华路段捡垃圾，几个别校的同龄人见刘梅捡垃圾，一种戏耍的心理从他们的心头生起，他们在一个小贩手里买过几瓶矿泉水，当着刘梅的面倒掉，然后对刘梅说："喂，小朋友，你喊我们一声大哥哥，我们就把这些矿泉水瓶给你。"刘梅觉得自己受到了深深的伤害，刘梅愤怒了，她想冲过去狠狠痛骂他们一顿，可她忍住了，她把委屈的泪水强吞心底。刘梅当时只说了一句话，就把那几个人羞得面红耳赤。"我们都是同龄人，当你伤害别人的时候，你已不知不觉伤害了自己。"说完，刘梅转身走了。那些男同学先是惊讶，后是愤慨，决定跟踪她，好好教训她一顿。当他们看到刘梅遇到班里的同学，那些同学主动加入帮助她捡垃圾的行列时，惊奇极了。其中的一个学生悄悄问原因，刘梅班上的同学自豪地说："这是我们班的刘梅，学习委员，学校的学习标兵。学习成绩在全年级前五名，她患糖尿病八年，多次昏倒在课堂上仍坚持学习，她是我们的学习榜样，我们要爱护她，帮助她渡过难关。"那几个同龄人的心被震撼了。他们走到刘梅身边，把矿泉水瓶主动放在刘梅的背篓里，齐声说："对不起！"听到道歉声，刘梅理解地笑了。她知道人心都是向善的。

病痛里的求知梦

刘梅经常在课堂上发病，每次病情发作，先是脸色苍白如纸，继而是疼痛难忍。刘梅知道自己的病时刻牵着科任老师、班主任和同学们的心，如果不是课堂上昏倒，刘梅是不会让人知道的。一个炎热天，刘梅的病发作了，一阵阵疼痛自心尖袭来，刘梅拼命忍着，握笔写字的手不由颤抖起来，同桌见了，想告诉老师。刘梅轻轻用手肘碰了碰同桌，拼命压住疼痛，挤出一脸轻松的笑，用笔写下一行字：别分神，学习要紧，也许，我是饿了。同桌见了，没再分心。刘梅就这样忍住剧烈的疼痛，一双大眼睛紧紧地盯着黑板，面色坦然地听着老师的课。刘梅觉得自己很怪，只要她一走进知识的海洋，那些疼痛就一下躲得远远的。

刘梅已数不清自己有多少次这样在课堂上、在病痛中坚持着，她不知道这种坚持是一种让无数人感动的坚强。刘梅只知道不能让父母分心，不能让老师分心，不能让班上同学们分心，她要做的，仅仅就是这些。而这些都是平凡而微不足道的。是的，刘梅是不会知道的，她不知道一个个平凡的堆积，就成了崇高的象征。她不知道一次次在病痛中煎熬，已形成一道坚强的风景。

刘梅爱唱歌，爱听歌。每每国歌的旋律响起，刘梅就热泪盈眶，仿佛自己在接受一次灵魂的洗礼。那是一种生命对社会对家庭的承诺啊。每次从死神手中挣扎出来，刘梅会使劲吸一口新鲜的空气，感受生命的存在和真实，这时，她觉得活着真美。2004 年 4 月 18 日早上 7 时，刚从县中医院抢救出院的刘梅早早起了床，首先她为自己注射胰岛素，然后吃了东西，就准备上学去。刘梅本想跟正在地里做农活的父母打声招呼，可她不想让父母分心。父母上班前，父亲要给庄稼锄草施肥，母亲要给猪栏里的猪喂食，那是父母在给她准备医药费，是父母的希望。刘梅无限深情地望了父母一眼，下了楼梯，可没走几步，就觉得自己眼前一片模糊。刘梅第一个念头想到的是自己再也不能上课，再也看不到世界的五彩缤纷。刘梅哭了。她慢慢蹲下身，双手捂住自己的眼睛，先是轻声地哭，继而是大声地哭。刘梅的父母隐隐约约听到哭声，扔下手中的活，奔到女儿身边，刘梅一下扑倒在父母怀里，说："我的眼睛看不见了，我读不成书了。呜——

呜——我要读书,我好想读书……”刘梅的父母亲劝慰着女儿:“丰丰,坚强些,你一定会复明的,你又不是不知道,这是糖尿病并发症,待会儿到医院抢救,你的眼睛会好的。”

“坚强些”这句话,是父母亲经常说的,也是刘梅要求自己的,她忍住内心的悲痛,扬起红红的脸,尽管此时此刻看不见,可她的心中,已盛着父母关切的面容。刘梅笑了,一脸笑傲生命充满信赖的幸福……

给刘梅当了五年班主任的一小老师朱灵芝一说起学生刘梅,就泣不成声。她说:刘梅太让人疼爱了,她尊敬老师,团结同学,体贴父母,热爱生命,她的精神正是现在许多青少年需要的。”班上同学吃东西,就把废物扔在地上,刘梅会一声不吭地把垃圾扔进垃圾箱,能卖钱的废旧塑料瓶、纸张,刘梅会用袋子装好,提回家积攒起来卖钱。一位同学发现了这个秘密,悄悄告诉了朱灵芝老师,朱灵芝老师怕刘梅被班上同学嘲笑,就对那位学生说:刘梅是爱护卫生,我们应该向她学习。朱灵芝老师的心又酸又涩。

真正让朱灵芝老师感动的是刘梅对知识的渴望。一次,朱灵芝站在讲台上上课,正讲得津津有味,她看到刘梅脸上苍白,握笔的手不停地哆嗦,身子缓缓地向后面倒去。朱灵芝老师见状,马上扔掉粉笔,几步冲到刘梅身边,抱住刘梅。

“朱老师,你不要管我,你要上课,对不起,又给你添麻烦了。”

“什么也不要说,你是个好孩子,你永远是老师心中的骄傲!”朱灵芝老师紧紧抱住刘梅,流着泪说。

还有一次,朱灵芝老师上课,转过身板书,只听“咚”的一声,一个什么物体倒地的声音传来,朱灵芝老师马上转过身一看,发现刘梅倒在地上,右手死死地握住笔,使劲地在地上爬着,她想爬上座位记笔记。朱灵芝老师疾步走到刘梅身边,热泪满面:“刘梅,你现在要好好休息。”

“朱老师,这个社会没有知识是不行的,我要考大学,为社会做贡献。还有许多知识没学到,我怎么能休息呢!”刘梅喘着气说。刘梅躺在朱老师的怀里,感到好温暖。她望着朱老师关切的脸,真想叫一声:“妈妈老师。”

答案之四　活在理想中

沮丧时,我引吭高歌;悲伤时,我开怀大笑秀;病痛时,我加倍学习;恐惧时,我勇往直前;不安时,我提高嗓音;力不从心时,我回想自己的成功;自轻自负时,我想想自己的目标。

《刘梅日记》摘抄

三个理想

刘梅有三个理想。这三个理想,就是三棵精神的大树,成为刘梅一次次从死神的怀抱里挣脱出来的动力之源。

刘梅第一个理想是想当一名医生。这个理想源于县中医院朱桂芳阿姨的关心和爱。在刘梅心中,朱阿姨那和蔼的面孔、敬业精神,以及对病人无微不至的关爱,都深深刻在刘梅的生命里。每次从死亡线上挣扎回来,刘梅都发自内心感谢抢救她的医生们,是他们一次次挽救了她的生命。每次住院,她的生命都处于危急时刻,有时凑不到钱,医院总是先抢救她的生命,医药费过后再谈。“钱是有价的,生命是无价的,尤其是像丰丰这样让人怜爱的孩子,更是无价中的无价。”刘梅苏醒过来,首先扑入眼帘的是朱阿姨亲切的面孔。当听到母亲千恩万谢医生又一次救了女儿的命无以报答的话时,当听到朱阿姨说着金钱有价,生命无价的表扬话时,刘梅内心说不出地激动。刘梅心中第一个理想诞生了,她长大了,要当一名医生,她要把自己的知识和爱倾注到全社会需要关心的病人身上。为了这个理想,小小的刘梅，悄悄啃起了医学书籍，刘梅的书房里，就摆放着一排有关糖尿病的书籍，刘梅一次次翻阅这些书，一次次记着心得笔记，她相信有一天，她一定会让四大“隐形杀手”之一的糖尿病成为过去。

刘梅的第二个理想是想当一名教师。从幼儿园到小学再到初中，刘梅在哪个学校读书，都得到老师们的呵护。老师们不仅在她心中播下知识的种子，还教会了她怎样珍爱生命，怎样体贴父母，长大后怎样报效祖国。尤其是在课堂上发病昏倒时，无论是哪个老师上课，都会把她背出教室，进行抢救。刘梅伏在老师们的背上或躺在老师的怀里，就像在父母亲身边一样。刘梅没有从老师们的眼睛里读到自己是包袱的内容。刘梅每次大病之后，回到学校，走进教室，到处是亲人般的问候声。刘梅感到自己好幸福。学习让刘梅忘记病痛，而老师又让刘梅感受到爱与被爱的幸福。刘梅初中升入县十一学校，这所倾注着来自首都北京十一学校无限爱的学校，让刘梅感到爱是实实在在的。北京十一学校真伟大，远隔千山万水，还支援一所老、少、边、穷学校。听戴校长说，十一学校还每学期安排两名老师到北京十一学校学习先进教学方法。在刘梅心中，这是伟大的希望工程。在北京十一学校的支援下，县十一学校有良好的教学环境，有一群敬业奉献的教师队伍，刘梅能在十一学校就读，她的心头有说不出的感激。刘梅感激学校，家里为她治病，已负债累累，考入十一中学的刘梅无钱交学费，本是不能上学的，可学校领导了解刘梅家庭的处境，减免了刘梅的全部学费，让她安心读书。尤其是刘梅所在的74班班主任谷老师，得知刘梅寒暑假捡垃圾的事后，发动全班学生每周两次为刘梅捡废旧物品，谷老师的住房是刘梅废旧物品的中转站。每个月，当刘梅把废旧物品送到收购站时，内心就诞生一个神圣的念头：她要当一名教师，一名塑造人类灵魂的教师。

刘梅的第三个理想是想当一名业余作家。这个理想源于书籍带给她的精神安慰。生病了，唯一能减轻刘梅病痛的是书籍。

一本本文学书籍，一个个英雄人物，一个个感人的故事，使刘梅增强了生活的勇气。刘梅觉得作家太伟大了。尤其是免费参加桑植县作协举办的快速作文班，受到县作协主席石绍河的亲切教诲，让她深深感动。石绍河主席还赠给她一本亲笔签名的散文集《清泉石上流》，让她非常激动，哦，原来作家就在身边，就在生活中。她做梦都想去北京，看一看首都北京，看一看长城，到天安门感受升国旗的崇高和豪迈，她的梦一做就是十多年，可她做梦也没想到，中国小作家协会将让她圆这个梦。接到赴京参加全国小作家代表大会的通知，在医院进行抢救的刘梅，正又一次接受死亡考验，她心头只有一个心愿，活着，活着，她要到北京，她要感受祖国心脏跳动的脉搏，她要当一名业余作家！

有理想真好！活在理想中更好！

刘梅，坚强的刘梅，不倒的刘梅！

刘梅，生命绿意盎然的刘梅！永远美丽健康的刘梅！

附 录

记者眼中的刘梅

一个女中学生的日记，有三千多本手抄本在当地许多家长和学生手里流传。这本日记到底记载了什么秘密，使它具有如此魔力呢？

女中学生的生命日记

秦 戈

2004 年 5 月 3 日上午，中国小作家协会全国第一次代表大会在北京钓鱼台国宾馆召开。

湖南省桑植县初中学生刘梅被推选为大会主席团成员。当刘梅作为代表在主席台上向大家介绍自己 107 次与死神较量、坚持写下与死神抗争的五百多篇日记时，全场多次响起雷鸣般的掌声。她带来的三十多本自己打印的《刘梅日记》在会上被一抢而空……

生命日记向病魔挑战

2004 年 3 月，在贺龙元帅故里湖南省桑植县，一个名叫刘梅的初二女生的日记在社会上广为流传。该县文联副主席、青年作家王成均找来一本《刘梅日记》，反反复复看了一个晚上，泪水也反反复复流了一个晚上。这本神奇的日记，记载着刘梅 107 次和死神惊心动魄搏斗的生命历程。他被一个如此坚强的生命所征服。

“做梦都想去看看首都北京，去天安门感受站在国旗下的崇高和豪迈。桑植是贺龙爷爷的故乡，要是能把贺龙爷爷故乡的泥土献给2008年奥运会馆，那将是多么令人欣慰的事情！”当王成均在日记里读到刘梅这个梦想时，他想起中国小作家协会正在筹办第一次代表大会，他马上打电话给中国小作家协会秘书长金本，告诉了他刘梅的感人事迹。

“让她来北京参加中国小作家协会第一次代表大会，让她圆一次国旗梦，我们要让全国更多的孩子来了解她，学习她。”金本秘书长当即在电话里告诉王成均。

但就在4月18日，刘梅再次因病重晕倒住进了医院。可刘梅说：“我一定要去北京，那样我死也没有遗憾了。”结果只住了四天院，她就闹着出来了。

5月3日凌晨5点，刘梅出现在天安门广场，望着冉冉升起的五星红旗，她激动得满脸通红。突然，她的身体开始摇晃，病魔再次向她袭来。这时，她迅速打开背包，取出一支注射器，吸进17个单位的胰岛素，麻利地将针头对准肚皮扎了下去。然后，依然望着鲜艳的国旗微笑着。

周围的人都惊呆了，他们不知道刘梅已是上百次与死神较量了！

刘梅1989年7月出生在湖南省桑植县的一个教师家庭，父亲刘红卫是县中等职业学校的老师，母亲谷青月是学校图书馆的职工。小时候的刘梅能歌善舞，特别惹人喜爱。

1994年6月，小刘梅被查出患上了I型糖尿病，该病与癌症、艾滋病等并称为威胁人类生命的“杀手”。目前，世界上还没有治愈的办法，患者由于胰岛功能完全消失，终身只有靠注射胰岛素维持生命。糖尿病还会引发酮症酸中毒、轻微白内障、眼底血管病变等多种并发症。

刘梅那时还不知道死亡是什么，她顺从地接受了三年中药治疗，但病情没有得到控制。1997年7月19日，是刘梅七岁的生日，看着病情日益加重的女儿，刘红卫夫妇决定把刘家的亲戚都请过来,因为刘梅的生日会越来越少。

那天,刘梅很兴奋,她忙上忙下,招呼着每一位客人。其实这时,疼痛已经开始在她身上一阵阵撕咬着。

“妈妈,要是我们都可以长生不老的话该多好,那样我们就可以永远在一起,就可以有过不完的生日了。”刘梅搂着妈妈的脖子撒起了娇。

“会的,你这么乖当然会长寿,妈妈每年都要这样为你庆祝生日。”话还没有说完,泪水已经盈满了谷青月的眼眶。

“妈妈,别哭,我真的能挺住的。”刘梅用小手吃力地为母亲擦着眼泪。

擦着,擦着,刘梅突然倒在了地上。“妈妈,我实在是挺不住了,疼了一天了。”刘梅呼吸微弱地说,然后晕死过去。

刘红卫夫妇立即把女儿送到医院,医生摆了摆手:“放弃吧,你们年轻可以再生一个,回去给孩子准备后事吧,这孩子活不久了,就是救活了你们也养不起啊!”

这时躺在病床上的刘梅动了一下,她一只手紧紧抓住了医生的手,艰难地说出了四个字:“我—还—活—着!”

医生们惊呆了,他们被刘梅如此强烈的生命欲望折服了,马上组织专家进行抢救。

刘梅奇迹般地活了过来。八天后,她出院了。“我一年又一年寻找着,一路有爱,一路有歌。那是天使向我发出战胜疾病的召唤。”这天晚上,刘梅在日记里记录着她向病魔发出的第一声挑战。她决定用写日记的办法来支撑鼓励自己,她把日记当作一个监督自己的朋友,通过日记来和病魔搏斗。

此后,每和病魔抗争一次,她都要在日记里记录一次,都要鼓励自己一次。

支撑生命的三个理想

由于酮症酸中毒,刘梅晕倒的频率越来越高。而白内障使她的眼睛四次阶段性失明，眼底血管病曾让她多次痛得在地上打滚直至昏死过去，但刘梅始终没有退缩过一次。从十一岁起她就学会了为自己注射胰岛素，每天三针，现在每天加量到五针。七年来，病魔107次把她击倒在地，家里有几次为她安排好了后事，但刘梅107次勇敢地站了起来，写下了五百多篇八万多字的日记。

“我有三个理想，一是做一名医生，去救治更多的病人；二是当一名老师，去教育更多的学生；三是当一名作家，写出好的作品，去陶冶人们的情操。日记，你一定要我为我作证，要鼓励我去为这三个理想奋斗。”

这是刘梅写在日记里的三个理想，是支撑她垂危生命的三棵精神大树。

刘梅从小就是个书虫。生病后，书、日记、胰岛素是她生命中最重要的物品。

六岁那年，刘梅该上学了，但刘红卫夫妇没有让重病的刘梅去上学。看着小伙伴一个个都上学去了，刘梅心里很不是滋味，一连三天痴痴地坐在家里不言不语。

那天，刘红卫怀着矛盾的心情把女儿送到了学校。但第二天刘梅就请假被送到湖南省儿童医院住院治疗。在医院，刘梅一边输液一边缠着爸爸给她讲课。就这样在二十多天的住院时间里，父女俩学完了小学一年级的数学课程。这一学期虽然她在病床上度过了两个多月，但期末考试，刘梅拿了全班第一名。

1999年6月的一天，病魔再一次向刘梅袭来，一阵阵疼痛使刘梅豆大的汗珠冒了出来，刘梅拼命忍着，握笔写字的手不由得颤抖起来，同桌见了，想告诉老师。刘梅用手肘碰了碰同桌，用笔写下一行字：别分神，学习要紧，也许，我是饿了。同桌见了，便没有做声。刘梅就这样忍着剧烈的疼痛，眼睛死死地盯着黑板，坦然地听着老师讲课，但最后还是扑通一声晕倒在地。但她的右手还死死地握着笔，使劲地在地上爬，她想爬上座位记笔记。老师马上跑到刘梅身边：“刘梅，你不要记了，你好好休息吧。”

下午，刘梅被送往医院。一只手打着点滴，她用另外一只手吃力地翻着书。

“其实你最好是休学，你真的不适合上学。”负责给她治疗的朱桂芳医生劝她。

医生的话刚说完，眼泪一下子从刘梅的眼里涌了出来：“朱阿姨，我不要休学，你别对我爸爸妈妈说要我休学，好吗？我的生命本来就有限，休了学怎么办呢，我还要学很多知识，不然我的理想就是空想了。”

晚上，朱医生告诉刘梅的父母：“我曾诊治过和刘梅一样的病孩子，由于他们的父母和孩子绝望了，放弃了活下去的信心，结果孩子不出两年就离开了人世。刘梅的求生欲和求知欲太强了，你们的孩子了不起啊！”

虽然常年发病请假，但刘梅的学习成绩一直名列前茅。上学八年来，她期期都是学习标兵，年年都是三好学生。她在日记中这样写道：“沮丧时，我引吭高歌；悲伤时，我开怀大笑；病痛时，我加倍学习；恐惧时，我勇往直前；不安时，我提高嗓音；力不从心时，我回想自己的成功；自轻自负时，我想想自己的目标。”

《刘梅日记》手抄本流行

“他们都说我的病可以治好，其实我知道他们都是在安慰我，可这些善意的谎言也是爱啊。我欠这个社会的太多了，就是给我一百次生命也是报答不完的……”

刘梅在日记里不停地书写着对父母、亲人、老师、同学与社会的深深感恩。

十年来，刘红卫夫妇先后二十多次带着刘梅辗转奔波在长沙、郑州、武汉、哈尔滨等 15 个城市之间，寻求最好的治疗方法。为了支付高昂的医药费，他们自己修建了猪圈，每年喂养 10 头肥猪，附近的农户无偿给他们几亩土地，让他们种粮食养家糊口。

外婆为了攒钱给刘梅治病便去捡垃圾。有一次，为了捡到马路中间的一只瓶子，结果被飞驰而来的摩托车撞倒在地，当场昏死过去，手臂被撞成粉碎性骨折。

每学期开学，朱灵芝老师做的第一件事情就是找学校领导为刘梅办理减免学费的手续。朱老师还动员全班同学每周捡两次垃圾，然后送到刘梅家里去卖钱。为了应对刘梅病情突发的情况，朱老师专门把医生请来上课，后来全班同学都学会了给刘梅急救的按摩方法。

刘梅常常被这些关爱感动得热泪盈眶，她一直希望自己能够回报这些关爱她的人。

她常对爸爸妈妈说："我真不孝，是我拖累了你们，你们本来可以过上好日子的，长大后我一定要弥补你们，要让你们做最幸福的爸爸妈妈。"每次病痛发作，她都是悄悄躲在一边，咬紧牙关，让一阵阵剧痛在体内膨胀、冲撞、撕咬，绝不呻吟一下。"我呻吟一下就会像一把刀子在父母的胸口上插一刀，我绝不能出声。"

周末，父母要去做农活，刘梅就在家里做饭，洗衣，扫地，承担了全部家务。在学校，班上有的同学爱把废物扔在地上，刘梅会一声不吭地拾起这些废物扔进垃圾箱，放学的时候就把能够卖钱的用袋子装好提回家积攒起来。

每年的寒暑假，刘梅都要顶着烈日、逆着寒风奔波在县城大大小小的垃圾堆之间。有时候，捡着捡着，病情发作了，她就休息一会儿，待疼痛稍微缓和，又接着去捡。

刘梅是个漂亮的女孩，也知道爱美，但她明白家里的窘况，她从不和别的同学比吃比穿。她说："美丽不是穿出来的，注意干净和卫生就可以了。"

1999年的一天，谷青月去学校接女儿，看见刘梅接过同学给的一个东西。她很生气，认为女儿不好好学习，随便要东西。于是要女儿把手里的东西给她看。

“妈妈,你别难过,我没有做错事,这是同学要扔掉的铅笔头,他们晓得我喜欢用铅笔头,就送给我。”

“我的好女儿,妈妈错怪你了。”妈妈搂着刘梅说。

刘梅小学六年,家里只给她买过几支新铅笔,到现在还有两支是新的。她一直靠捡铅笔头写字。她家里至今还有三百多个铅笔头。

2001 年 7 月,学校举行“城乡儿童手拉手”活动,刘梅因身上没有钱,便向其他同学借了 8 元钱捐了上去。她告诉那个同学:“不要让老师知道我是借的,不然她不会让我捐的,我捡一段时间垃圾后还给你。”

2003 年,学校有位叫向浩博的同学患了血癌,刘梅闻讯后,很多天情绪低落,妈妈问她怎么了,刘梅就伏在妈妈怀里号啕大哭:“向浩博同学的命怎么比我还苦呢,他该怎么办呢?”后来,她给向浩博写了两封信,鼓励他和病魔斗争:“我们都是不幸的人,我们来比赛,看谁坚强。你可要像个男子汉!”

学校组织为向浩博同学捐款,刘梅第一个站起来捐了 13 元,那是她辛辛苦苦捡了三个月的垃圾换来的。老师不愿意收她的捐款,刘梅就哭了:“我也是他的校友,都是患病的人,我应该支持他,只要能治好他的病我愿意捡一辈子垃圾。”见刘梅哭了,老师只好收下了。

十年来,刘梅共做好事二百多件,这些帮助别人带给她的快乐,都被她记录在日记里:“我能够尽我的微薄之力帮助别人,我很满足,这说明我是一个健康的人,我还能为这个社会奉献很多。人只要有爱,就会永远活着。”

刘梅感人的事迹悄悄在同学之间传开后,很多同学借来刘梅的日记阅读,有的还抄录她的日记,很快手抄本的《刘梅日记》开始流行。

为了让全国更多的人目睹《刘梅日记》,在有关部门的重视下,《刘梅日记》正在筹划出版之中。

鉴于刘梅病情不断恶化,医生建议她安装胰岛素泵,这大约需要费用6万元。6万元,对于刘红卫夫妇来说是一笔巨款,但社会上有爱心的人向刘梅捐了近8万元。7月22日,已安装了胰岛素泵的刘梅出院了。

如今的刘梅没有一丝悲观,谈着她的日记和三个理想的时候,露出了满脸灿烂的笑容,她说:“我活一天就是一天的福气,我要多读点书,多写点日记,才对得起关心、爱护我的人。”?(原载《华西都市报》2004.7.30)

祝你平安，张家界的小天使

中国国际广播电台记者　孙亚萍

认识刘梅是很偶然的。非常偶然。人生就是这样，一路上你会偶然地遇到不同的人，受到不同的影响。

5月2日我被好友抓了壮丁，早上4:30起来陪她到北京站接她同学6点的火车。在出站口我看到一个男孩举着一个牌子，牌子上写着“中国小作家”。我于是过去询问，得知“五一”期间中国小作家协会在京举行第一次全国代表大会。这些小作家并非像韩寒、郭敬明、蒋方舟那样写过书、出了名，他们大多是在各种作文竞赛中获过奖，或是在各级媒体上发表过文学作品，只要具备了这样的条件，就可以申请加入中国小作家协会。通过层层的联系，我找到中国小作家协会副会长兼秘书长，《中国少年报》高级编辑、记者，著名作家、诗人金本老师，请他为我推荐一位小作家让我采访，他欣然应允，并马上说出了刘梅的名字。

刘梅患着严重的糖尿病，饱受病痛折磨。但她对生命和生活非常热爱，对书和写作非常热爱，她这次来北京带来了家乡——革命老区、湖南省张家界市桑植县——的红土，献给2008年奥运组委会。在见到刘梅之前，这是我知道的全部。采访安排在5月5日，那天这些热爱文学的孩子们将参观故宫和北大清华。我心里很期待这次采访，想像着这个坚强而灵慧的小姑娘会是什么样子。

见到刘梅和她的妈妈

刘梅白白的皮肤，圆圆的脸，细细眯眯的眼睛；她个子不高，衣着朴素;不瘦,也不算胖,应该属于结实的类型,然而我总觉得她白得有些异样,远不够结实。她的身高和圆圆的娃娃脸使我认为她年纪在11岁左右,但后来知道她已经14岁多、快15岁了,也许,我对现在的孩子们太不熟悉了。很快金本老师又为我介绍了站在刘梅身边、挎着旅行包的刘梅的妈妈,她个子也不高,大约有1米55,身材匀称,五官温柔,面颊红润,目光朴实而纯真。

从东交民巷,经过天安门,到故宫,一路上刘梅在同学们的队伍里走着,我和刘梅的妈妈在后面边走边聊。旁边的两位男士——桑植县文联的王成均老师和桑植电视台的记者——不时插进话来,告诉我他们所认识的刘梅,言语里流露出对这个小姑娘的佩服。

在七八十个孩子中间,刘梅显得很不现代。不少的孩子一身名牌,不少孩子的眼光神态里流露着对现代化大都市、时尚消费品的熟稔,而刘梅不同,她没有现代物质打磨出来的锐利,但她也不显得卑弱,她是不卑不亢的。从她初见我时所表示出来的自我感、对我的稍带漠然的距离感中我感觉到这一点;从她说话的气质、她在队伍当中的姿态中我也感觉到这一点。与别的孩子相比,她显得冷静一些。

到了故宫后,同学们的队伍就分散开,各自同自己的家长老师一起开始游赏,我这时开始跟刘梅边走边聊。由于一路上同她妈妈的交谈使我对眼前这个小姑娘有了很多了解,而她也知道这一点,所以这时候她对我就很热络了。

刘梅说:“我不是很争强好胜的人,如果我心里的想法跟别人差不多的时候,我不会刻意说出不同的想法。”这话是在我问到她跟同学之间有没有过什么矛盾或摩擦,她说没有,同学老师们都非常照顾她,对她太好了,她觉得自己很幸运;然后我又问在大家讨论问题时有没有过争论,于是她说了上面的话。我很吃惊,因为我马上回想:自己在初二的时候是不是说出过这么深刻的想法,是不是把一些想法表达得这么成熟。

难以想像一个孩子的十年

这么小的年纪得糖尿病是很少见的,医生说。

四岁多的时候,有一天,刘梅上楼时说自己浑身没力气,要爸爸背上去。爸爸笑笑,以为女儿在跟自己撒娇,就弯下腰去,把可爱的女儿背上了楼。后来这撒娇的次数越来越频繁,而且开始尿床,最初是隔几天一次,到后来每晚都尿床,到了最严重的时候,一个晚上尿了五次床,爱干净的丰丰(刘梅的小名)羞愧难过得不敢睡觉了,蹲在墙角哭。妈妈说"没事,丰丰你睡吧,尿了妈妈再给你换",可刘梅还是睡不着。爸爸妈妈感到事情严重了,就带她到医院检查,检查结果居然是糖尿病!家里从没有人得过这个病呀!为查清病源,爸爸妈妈爷爷奶奶外公外婆都到长沙的大医院进行检查,结果证明没有一个人患过糖尿病或相关病症,刘梅的糖尿病Ⅰ型被诊断为非遗传性。这似乎是从天而降的灾难。

刘梅首先接受了中药治疗,在不间断地喝了三年的汤药之后,病情没有得到控制,七岁的时候,刘梅的病情急剧恶化,而她那时哭着哀求妈妈先不要送她去医院,让她在家里过一个生日。爸爸妈妈被她哭得心软了,终于捱到生日那天,爷爷外公外婆大姑二姑小姑二叔都来了,可是刘梅却连挤出一丝笑容都困难了,她昏迷了。在亲戚们的埋怨和催促下,她立刻被送到县医院,医生说她已经没救了,不愿意为这个孩子做手术,说这是不治之症,即使现在能通过手术控制住病情,但以后也都要靠药物维持。他对刘梅的父母说:"这个孩子我治得好你也养不起。"爸爸妈妈都哭了。(说到这里,我们正走到历史博物馆前,她,刘梅的妈妈的声音已经异样了,我侧头看到,她在抑制着,然而眼睛已经红了,泪珠在里面打转。)爸爸对主治医师说:"我们无论如何也要给孩子治病!"妈妈哭着去打电话,通过关系向副县长求援。副县长赶到医院后立刻召集主治医师会诊,他对医生们说:"你们一定要尽力救活这孩子！你们要是救活了她，那就等于救活了几条命！……不管怎样，死马也要当活马医。”

手术完成后，刘梅被从死亡边缘拉了回来。她开始接受胰岛素注射的治疗，国产胰岛素对她无效，只能用进口胰岛素。令人担忧的是：现在刘梅的胰岛已经完全丧失了功能，全靠注射胰岛素来维持。为了控制住刘梅的病情，胰岛素注射的用量越来越大，一支进口的胰岛素要七十多块钱，现在只能用三天。家里不断地欠债还债，还了又欠，债台高筑，只要能治好刘梅的病，爸爸妈妈不惜一切，而且他们下决心：尽管家里条件比较困难，也要尽量满足刘梅所有的要求。而懂事的刘梅从没有向爸妈提出过奢侈的要求，用她老师的话说，“她太懂事了，懂事得让人心痛”。为了给家里省钱，她捡同学们扔掉的铅笔头来用，偷偷地在垃圾堆里捡废品去卖。

糖尿病人是以糖为天敌的，只要糖分稍高的食品都不能吃，对于小孩子来讲，这可能是极其痛苦的，这意味着告别零食、告别嘴馋，只要稍微管不住自己，都可能面临巨大的危险！这次到北京来，每天都是同学家长们围坐在十几个餐桌上一起吃饭，桌上的菜都要妈妈先尝了之后，觉得刘梅可以吃，她才能动筷子。所以，我真的很佩服小刘梅的意志力！那么小的人，打针喝药从没有过抱怨，不让吃的东西她从来不吃，这一坚持就是十年，而且可能不会有尽头。

也有例外的情况。

刘梅和她的妈妈分别告诉了我一个同样的“小秘密”。就在“五一”前几天，一个同学给了刘梅一个小小的梨子，说这个梨不甜，是酸的，可以吃。刘梅将信将疑地啃了薄薄的一小口，果然是酸的！不甜就意味着不太危险，于是刘梅偷偷地慢慢吃，啃一小口后看看自己身体是否有反应，发觉没事才敢继续吃。她每天吃一点，用了三天才把这个梨子吃完。然后她偷偷地、兴奋地告诉了妈妈，妈妈没有责怪她，说吃一点没关系，但是她们不敢告诉爸爸，怕严厉的爸爸生气。她们在说“小秘密”这个词时都

笑得含蓄而会心，甜蜜而俏皮。

读书上学和病痛

书是和胰岛素同样重要的药物，没有书、没有阅读的日子对刘梅来说是不能想像的。

刘梅的爸爸是职高教农学的老师，到了刘梅六岁那年的9月，同龄的小伙伴们都背着书包去上学了，可是医生明确说过：刘梅的病不适合上学读书，所以爸爸妈妈没有给她报名。开学后的三天里，刘梅痴了。她就那样痴痴地坐在家里，不想吃喝，不出去玩，只是痴痴地坐在屋子里。（当我和刘梅并肩漫步在故宫里，我们聊到她的性格，她说自己内心里是很倔的，而且脾气很大，像她爸爸一样。我说："那么你在不能上学的那三天里痴痴地坐着，是不是在发脾气，生气爸爸妈妈不让你上学？"她说不是的，当时没有发脾气，只是很羡慕那些能上学的小朋友。）

开学后的第四天，爸爸妈妈怀着心疼和矛盾的心情把刘梅送到学校。然而第二天她就请假被送到长沙医院接受了近一个月的检查和治疗。老师从一开始就知道了这是个"特殊"的学生。（和刘梅的妈妈边走边聊着，说到上学后刘梅的成绩，她脸上抑制不住地流露出喜悦，她说刘梅的成绩一直很好。有一次，学校把学生标兵的获奖证书送到家里，爸爸妈妈非常吃惊，因为他们的丰丰缺课太多了，请假缺课是家常便饭，他们真想不到刘梅能得到学习标兵的荣誉。而更令他们想不到的是：刘梅在自己的房间里藏有一大摞的获奖证书，她却从没有主动拿给爸爸妈妈看过。）刘梅对于上学求知有着比一般同学更强烈的愿望，而从小的病痛也让她越来越懂事、坚强，她无数次地晕倒在学校的教室里、体育课的操场上、升旗仪式上，为什么不好好在意自己的身体、好好休养呢？因为对知识的渴望是发自她内心的，是她能与病魔搏斗这么久的精神动力，没有这个精神上的巨大牵引力，不要说是几岁、十几岁，就是一个成年人也难以长久地面对这样的病痛。

刘梅是个书虫。三岁时爸爸就教她查字典，自己识字看书，到四岁，她已经有了一大箱的藏书，一次妈妈帮她拿出来在太阳底下晒，幼儿园的小朋友看到了都惊叹不已。然而就在晒书的几天之后，桑植县发生特大洪灾，洪水淹没了刘梅的家，当水退后，刘梅哭着喊着从满屋的淤泥里扒出她的书，可是那些书已经溃烂不堪，面目全非。她沉浸在失去书的痛苦之中，很多天没有欢颜。刘梅五岁被确诊为糖尿病Ⅰ型后，在住院接受治疗时，疼痛让这么小的她恐惧不已，手术难以进行。为了分散她的注意力，爸爸开始给她念书，念了一会儿，她就安静了下来，医生们在惊奇中开始继续手术。之后书就成了她接受治疗时的安慰，爸爸妈妈没时间给她念时她就自己看，有了书她就真的忘记了病痛。

刘梅在日记里说不知是自己几世修来的福，遇上这么好的父母。他们自己生病舍不得治，然而只要为了刘梅的学习读书，再多的钱他们都舍得花。（从东交民巷酒店走到故宫，再到故宫里边走边逛，我们这些大人都腿酸脚痛起来，孩子们却没事儿似的。走到后花园时，刘梅的妈妈脸上出现很痛苦的表情，手顶住腹部，原来她的胆结石又犯了。刘梅跑过来搀住妈妈，但是她们身上没有带药，刘梅的妈妈大概也习惯了“忍一忍就过去”，过了一会儿，她的表情就舒缓了。刘梅这时看到一个书屋，里面主要是卖介绍故宫及北京的其他旅游景点的书和画册，她看着妈妈，朝那边指了指，妈妈有些无奈地点了点头，刘梅就飞窜了过去。）

从小学到中学，刘梅的班主任老师都对这个要强多病的学生十分关爱。小学班主任朱灵芝老师曾对刘梅的爸爸妈妈说：“你们一定要想办法尽早给她把病治好，免得她再受苦！其实说真的，她比你俩受的苦要多得多！”是啊，这个不满十五岁的女孩，十年来每天三次针，每日三餐药，还有外公外婆、亲戚朋友帮着找来的各种偏方，只要有一线希望，再苦的药刘梅都把它喝下去。打针喝药刘梅并不畏惧，然而可怕的是：过多的药物引起了副作用，使刘梅又患上了轻微白内障、眼底血管病变等并发症，她的眼睛几次失明。

走 到 底

从五岁到十五岁，一个孩子的十年往往是不经意间就过去了，只看到个子一天天地往上蹿，平静无忧，当一个人回首往事时，很难对从五岁到十五岁的十年有什么深刻的印象。而刘梅决然不同，这十年会是她一生最深刻最沉重的一个十年。莫非，这是天降大任前的磨炼？

爸爸妈妈知道刘梅的病不容易治好，他们本来不打算再要孩子，用全部精力来照顾刘梅，但他们担心等刘梅长大了，他们不在了，那时候没人照顾她，于是他们又要了个孩子，给刘梅生了个妹妹，取名丁溢，意为：多出来的一滴水。刘梅心里很不是滋味，她觉得这对妹妹似乎是不公平的，妹妹长大后应该有自己的生活。但她也完全明白爸爸妈妈的苦心。

中午从故宫回来，刘梅的妈妈趁午饭的时间去给刘梅买药，走之前把打针的小包交给刘梅，让她中午自己打针。在饭店里，别的小朋友早在餐桌上围坐起来，笑着叫着，等菜端上来都迫不及待地开始动碗筷，刘梅这时自己一个人在一张空桌子上把针液、针管、针头、消毒棉从药包里一样样地取出来，熟练地安装擦拭，然后为自己注射。

后记：来北京参加这次活动之前的几天，刘梅因糖尿病并发症加重而从桑植县中医院转到中南大学湘雅医院附属二医院进行抢救。4 月 23 日，刘梅的病情得到缓解，但主治医生建议尽快给她安装胰岛素泵，费用为五万余元。

父母眼中的刘梅

我的女儿刘梅

刘红卫

我的女儿刘梅出生于1989年7月，读小学时名叫刘丰，她现在在桑植县十一学校74班读书。

自刘梅来到这个世界后，就给我的家庭增添了无穷的欢乐。刘梅三岁时，那时，我们还在乡下工作，我们就把她送到中心完小幼儿园，每天她与周围的孩子一样背着书包蹦蹦跳跳地去上学，晚上睡觉前，女儿都要我照着书讲一个故事给她听，听得瞌睡来了，还要我亲一亲她，然后才肯入睡。

这种快乐一直陪伴着我们到了1994年。1994年下半年，女儿开始说她的腿无力，走路走不动，我和她妈妈以为女儿撒娇，想我们背一背她。自己身上的肉自己疼。有时我就把她背一背，有时不由她耍性子，硬是牵着她的小手让她自己走。可是到了这年年底，刘梅就开始尿床，1995年春节过后，有时一个晚上竟尿床四五次，她被吓得不敢睡了。她妈妈哄她睡，她却说："我不睡就不尿床了。"此后，无论我们怎么哄，她都不敢睡在床上，只有当她在我或她妈妈的怀里睡着后，才能把她放到床上去睡。后来，情况越来越严重，我们就带着她去看医生，作检查，这时，我们才知道女儿患上了糖尿病！

1995年9月，刘梅该上小学一年级了，我们听有的医生说，小孩子患糖尿病了，就不要让她读书。我试着把这话讲给女儿听，女儿听后，却不回答我，只含着泪水，跟她妈妈说："妈妈，爸爸不让我读书。"开学了，别人家的孩子上学去了，她硬是要我们送她到学校去。可她入学仅仅二周就病得不行了。我和她妈妈焦急万分，赶紧把她带到省儿童医院住院治疗。在住院期间，刘梅还是天天缠着要我讲故事，去书店买书看。这样，在她打点滴时，我就给她讲故事，待她打完点滴后，她要写字，我就教她写字，同时教她学数学，在二十多天的住院时间里，我女儿刘梅几乎学完了小学一年级一年的数学课程。但是，我没有让她从长沙出院就进校门，而是让她在家呆了半年，到 1996 年春才又把她送进了一小学前班，1996 年秋季开学时，她又一次进入一小一年级开始她的学习。

刘梅在学习上从没有放松过、马虎过。刘梅进初中后，学习课程增多了，仍然保持着良好的学习习惯。有熟人对我说：你的小孩经常生病缺课，学习成绩还好，脑袋真聪明。其实，教过刘梅的老师都很清楚，她的脑子并不灵活，只是肯下功夫。刘梅平时爱看课外书，她的零用钱几乎全用于买书了，她不买零食，也从不进网吧。我对她说进网吧学习查资料是可以的，但不能玩游戏，我真想让她进一进网吧。去年下学期我对她说："刘梅，我陪你一起进网吧，你学习一下上网吧。"也许她对她班上的同学讲了此事，班上的同学就帮她申请了一个 QQ 号，可她至今还是没有去。她不断地看书读报写字，有时我不忍心她这么累，劝她少学习一会儿，刘梅却说：我活一天，就是一天福气，我多读点书，才对得起关心、爱护我的人。女儿刘梅的一番话，说得我忍不住想大哭一场，多年的病痛折磨，我的女儿刘梅早已像个成年孩子，说的话做的事让人一想起就心酸。

刘梅从小患病，但她在家里，经常做一些力所能及的家务。为了给她治病买药，我与刘梅的母亲忙完了工作忙家务，忙完家务又忙生产。刘梅很懂事，也很体贴父母。我们到山上做农活去了，刘梅则在家中带妹妹，煮饭，炒菜，扫地，她很少外出玩要，省了我们不少的心。前年暑假，刘梅想有一间书房，我就请木工给刘梅做书架。刘梅很高兴，每天的中、晚饭都是她做的，木工知道情况后，都很感动。去年，我家为了给刘梅凑钱治病，打算建一个猪栏，女儿刘梅看到我背水泥、背沙、背瓦，累得满头大汗，每当我休息时，她就把冷好的茶水送到我的手中，并说："爸爸,你饿了没有?""你还要喝水吗?""你多歇一会儿。"刘梅的妈妈患有胆结石、骨质增生多年,为了给刘梅治病,妈妈的病拖了一年又一年,病情日益加重,有时,她妈妈不舒服早点休息了,刘梅下晚自习后回到家没有看到妈妈,就问我:"爸爸,妈妈是不是又不舒服了?妈妈吃药了没有?"问完了话,就来到妈妈的房间,看妈妈睡着了,就帮妈妈盖盖被子。妈妈没睡着,就陪妈妈说一会儿话。这样的女儿,叫我们怎么不疼爱呢!所以,我们拼命地劳动,拼命地工作,不怕苦,不怕累,下决心一定把女儿刘梅的病治好。我们相信只要刘梅活着一天,如今科学这么发达,女儿的病一定有治好的一天!

说起女儿刘梅与疾病作抗争的情况,作为她的父母,我们不知暗地里流过多少泪。我们为女儿的争气、懂事、体贴而高兴,我们为自己生了这么一个身体患病却心理健康的女儿而自豪。刘梅患病九年多来,在打针、吃药的问题上从没有哭过一声,从来没有哼过一声。有时发病了,痛得满头大汗,可不管她怎么痛,也不哼,她是怕我们担心,怕我们以及班上同学、老师担心。这一点恐怕有的同学做不到。大家知道,患糖尿病的人是不能吃甜食的,而我们给刘梅吃的药都是中药,很难下咽,可是她半碗半碗地喝、一勺勺地吞咽,我们心疼不已。有一次我把刚煎好的药从火炉上端下时把药打翻了,一股刺鼻的药味把我都熏得呕吐了,可刘梅吃药时,只是微微皱了皱眉头,把这碗药一口口咽了下去。看到女儿难咽的痛苦,我只能在一边流泪。每当她一次次昏死过去,又一次次从病床上苏醒过来,她看到妈妈还在哭泣时,刘梅对我们说的第一句话就是:"我好了,爸妈你们别哭啊!"刘梅患病十个年头,她十一岁时就开始自己学会打针。我们买了血糖仪后,她很快就学会使用血糖仪了。

我的女儿刘梅也贪吃。1997年中秋节时,学校发了月饼,我把月饼拿回家,刘梅看到后藏了一个,她偷吃了半个月饼就发病了。她母亲检查她的卧室时才发现吃剩的半个月饼,数落了她,刘梅就三天没有在家说一句话。但作为刘梅的父母我们理解女儿的心情。一个未成年的孩子,又怎能不想吃一点好东西呢,可我们只是看在眼里,疼在心里,为了女儿的病,我们家在过年过节时从不买水果糕点之类的东西,一是没有钱买,二是不能买,尽管我的小女儿可以吃。我们还尽量少串亲朋好友的门,为的是少让刘梅见到对她来说诱惑力很强但必须禁食的食物。

我的女儿刘梅也许一生都要与疾病作抗争,她如果没有比常人更坚强的意志和品质是很难想像的,在学习和生活上,注定她要付出比正常人更多的艰辛。

人的一生是不平坦的,刘梅只不过是过早地遇到了坎坷,让她过早地懂得人生的艰辛。我希望在座的同学们一生顺利。我也是一名老师,我真诚希望同学们能好好学习,珍惜健康的身体,正直为人,这才是将来报答老师的最好礼物。我为人父母,我还希望做子女的能体贴父母,在家做一些力所能及的家务,少让父母牵挂,这比什么都重要。我还是你们的朋友,请允许我们以朋友的身份祝愿在座的学生朋友学习进步,心身健康向上。

最后,请让我借此机会代表我们全家人深深感谢关心、支持、帮助、教育、培养我女儿刘梅的所有好心人,你们的恩情我们无法报答,我们一家人只有从内心祝愿你们这些好心人身体健康,万事如意!

医生眼中的刘梅

坚强，让她如此美丽

桑植县中医儿科主治医师　朱桂芳

从五岁到十五岁，一个身患Ⅰ型糖尿病的女孩就这样一年年与病魔抗争着。

从五岁到十五岁，她一直在我们医院进进出出，昏死、抢救、苏醒、微笑、唱歌、学习，她是我们心中永远的小天使，每次走近小病人刘梅，我们当医生的就会一阵阵地心痛。

胖胖的手臂、手弯里，肌注的、抽血的针眼针痕，密密麻麻。而眼前却是一位带着淡淡笑容的女孩，无邪的眼神透露着与病魔抗争的顽强。那是怎样一种揪心的痛！手臂上、大腿内侧已经没有地方肌注胰岛素了，她从容地在肚皮上消毒，手持胰岛素笔，熟练程度不亚于一个专业护士，那是怎样一种惊讶和震撼……

她毕竟是一个孩子呀，那年才八岁。

如果说刘梅五岁时不幸患Ⅰ型糖尿病，她还小，虽然不懂得这种疾病与“艾滋、癌症、乙肝”一起称为四大杀手，不懂得这种疾病的漫长和险恶，但她能读懂亲人们的痛心和眼泪，医生无能为力的叹息。她压抑，她委屈，她懂事，伸出小手，配合护士，“我听话，阿姨，轻轻地打针”，怯怯的声音，让护士动容。在病床上，她一只手输液，一只手看书写字，医生们总是说：“小刘梅，多休息。”“没关系的，看完了我给你讲故事。”过后，病房里传来稚气的歌声，天真烂漫的笑靥，像清风拂来，吹到每个人的心底，再坚强的冰河也慢慢地融化，这么鲜活的生命，怎么忍心让她凋谢？

医生先是教爸爸妈妈测尿糖，皮下注射胰岛素，爸妈学好再教孩子。八岁的孩子，克服对疼的恐惧，一针一针自己打，面对插管、颈抽血的痛苦,柔弱的脸上强作笑颜。一次次酮症酸中毒,一次次眼睛失明,一次次低血糖晕厥……每次醒来后,她对守护的爸爸妈妈说:“你们放弃吧,我把你们整苦了,拖垮了……”痛了,哭了,累了,想了,刘梅又说:老天爷给了我苦难,也给了我幸运,我一定要治好病,报答关心我的人们,我也要做一个有利社会的人。孩子啊,你才八岁,也能感悟昙花的短暂却灿烂的历程。八岁的孩子是小王子是小格格,撒娇发脾气。而她却分担爸妈的忧愁,为了好好地活着,医院给她开的什么样的苦药,她都吃。在医生眼里,她是一个孩子,一个带给我们医生动力和鼓励的天使,虽然折翅,她给予我们的不光是生命的珍惜。面对刘梅,我们成人何以计较人生的得与失、荣与辱,我们需要的是一种返朴归真的健康而拥有的快乐,这些都是如今世风日下,物欲横流的人们无法体会的。

漫长的十年啊,斗转星移。小小的刘梅长大了,在她身上不光体现生命,而是一种精神的延续。

刘梅因为自强,让她活得如此美丽!

师生眼中的刘梅

从教三十年来让我最感动的孩子

桑植县澧源镇一小　朱灵芝

听到刘梅同学的病情越来越重，我的心就越来越沉。有时，泪水禁不住从脸上流下来，心里在哭泣："刘梅，我的好学生，你要早日康复啊！"

刘梅是我的学生，从小学一年级到五年级，我都是刘梅的班主任。因此，对她我是比较清楚的，可以老老实实地告诉大家，在我三十余年教学生涯中，刘梅的确是一个让我最受感动的孩子，一个坚强的孩子，一个勤奋学习的孩子，一个极其懂事的孩子。

我知道刘梅同学患病是在她读小学二年级的时候。一个星期一的早晨，全校师生在操场上参加升国旗活动，刘梅同学突然昏倒在地，孩子们吓得惊慌失措，连忙扶起她，我便马上把她送进医院诊治。这时我才知道孩子患的是一种非常严重的疾病，而且，这种病非常顽固，只能抑制，在目前还不能治愈。知道这个消息，我不禁一颤，多可爱的孩子啊，患了这么严重的疾病，竟然不动声色。

刘梅同学虽患重病，但她在学习上一点也不放松对自己的要求。上课时，她听得比其他同学专心；做作业时，她做得比其他同学认真；劳动时，又比其他同学更积极。好几次，在教室里听课时，听着听着就晕倒了，同学们赶忙去扶她，我也吓得惊慌失措。可她倒好，一苏醒过来，对我笑了笑，说："老师，我没事！"倒比我镇定多了，于是，又开始学习起来。虽说如此，然而，我还是忐忑不安，过了很久，看她没事，心里才稍稍平静些。可是，有时，竟一天昏倒三四次，这就把我急坏了，一边连忙把她送进医院，一边连忙通知她的家长。她的父母匆匆赶来，对我是连连道谢，说是给我增添了麻烦。然而，麻烦倒不要紧，倒是苦了孩子。望望病床上抢救的孩子，又望望床边她憔悴的父母，心里不禁一阵辛酸，因为我也是一个做母亲的人。虽然这些过去了好几年，但我仍然记得很清楚，她经常一只手打着吊针，另一只手还在吃力地翻书；吊针一取，她就背起书包笑嘻嘻地上学来了。五年时间里，让人感到惊奇的是，她的学习成绩一直拔尖，期期评为学习标兵，年年都是三好学生。这中间，真不知这孩子付出了多少艰辛和汗水呀，一想起这些，到现在还不由得你不萌生敬意。

刘梅虽然自己有病，却常常关心着其他同学，班上同学在学校只要哪儿不舒服，她发现后总会主动帮忙。有一次学校举行“城乡儿童手拉手”活动，她知道乡下还有那么多读不起书的小朋友，眼里不由得闪着泪花，因为身上没有带钱，便向其他同学借了8元钱捐上来，由学校组织统一送给了仓关峪完小的贫困儿童。那次，她轻轻地拉着我的手，到一边说：“朱老师，我多么想看看乡下贫困的同学啊！”由于她有病，那次我未选派她去。望着她失望的神情，我万分难过，可是，孩子，你要知道当老师的我只能这样做啊！多善良的孩子呀！老师谢谢你！

刘梅还有一个勤俭的好习惯，她知道家里困难，既要送她读书，又要送妹妹读书，更重要的是每年要花很多钱给她治病。记得有次放学后，她迟迟不肯走，等同学走完后，她抓住我的手对我讲：“朱老师，你给我妈妈讲一下，叫她不要花钱为我治病了，好不好？我可能活不了多久了，你叫他们把钱花在妹妹的学习上。”她边说边哭。当时我的眼泪也禁不住直往下淌。既为她感到骄傲，也为她感到悲伤。为了减轻父母的劳累，她常常在课余时间，背着老师、同学偷偷去捡易拉罐，去捡别人丢了的断铅笔（她家里现在可能都还有一包）。她卖了废品去买学习用品、课外读物。当我发现她的这种行动时，我的鼻子不由得发酸，当我将这个情况讲给学生们听时，孩子们的眼睛也都湿润了。从此，孩子们便用特殊的方式默默地关照着这个特殊的同学：悄悄地将喝完了的空瓶子塞进她的位子，将还剩很长的铅笔也送给她。

就这样，我同刘梅同学共度了五年时光，这五年是我终生难忘的五年，我要感谢我的学生刘梅，是她教会了我什么叫坚强，什么叫勤奋，什么叫感动。

听到这里，想必大家都更进一步地了解刘梅了吧。最后，愿有更多的人关心、帮助、支援这个可怜、但十分懂事的孩子！

刘梅，你的名字叫坚强

桑植县十一学校　谷爱庆

我叫谷爱庆，教书已经十年了，十年中，让我最感动的学生就是现在就读于我班的刘梅同学。

在我眼里，她是一个稳重、可爱的女孩，为人大方，待人真诚热情，学习踏实，具有浓厚的学习兴趣和强大的学习动力。不仅成绩好，而且做事特别认真负责，多次被评为三好学生，但她从不骄傲。她关心集体，有着强烈的集体荣誉感和社会责任感，经常为班级管理出谋划策。她乐于助人，心地善良。2002 年 9 月 19 日，学校组织学生为身患癌症的向浩博同学捐款，她捐了 13 元钱，可不要小看这 13 块钱，这可是她靠捡废品一分一厘积攒下来的呀！她家的情况，班上的同学都知道，因为当时他们毕竟已经同过了一年的学。因此，她的行为感动了大家，在她的带动下，捐款又掀起了一个高潮，有钱的纷纷掏出，没有带钱的就当场向我借钱，这样，一共又捐了二百多元。她尊敬师长，每次遇见老师都会主动打招呼。她团结同学，两年来，她从来没有和同学发生过争执。敏于学而慎于行是她的真实写照，永不言败是她的不懈追求。

给刘梅当了两年班主任，她让我感动的时刻实在太多了。因为患病，她常常在课堂上晕倒。每次发病时，总是先脸色苍白如纸，继而再昏倒在地，但每次苏醒过来后，又继续坐上座位坚持上课。2002 年 10 月的一天，刘梅的病又发作了，这一次和前几次不同，前几次发病只是晕倒，而这一次却还伴有剧烈的疼痛。当我和同学们把她从教室里扶出来时,她已经痛得不能站立了,我先是背她,可是,背起后,她却痛得更厉害了,于是,只好抱着她,把她送回家。这次,她不能不住院了,经过检查,除糖尿病外,还增添了胃、肝等多种并发症。住院期间,我和班上的学生去医院看望她,病刚刚好些,她就一手打着点滴,一手捧着英语书。一周后,在医生、父母的反复叮咛和嘱咐声中,她又回到了教室。她说:"一回到教室,我就感到亲切;一回到老师身边,我就觉得幸福!"由于住院,耽误了很多课程,她想尽快把它赶上,于是,下晚自习后,就偷偷在卧室里加班,由于没有休息好,三天后,她再一次住进了医院。初一的第一个学期,前前后后,一共住了三十多天的医院,但是,在期末考试时,她仍然考了年级十个班的第八名。

"也许我们不是最好,但我们可以做得更好。因为我尽力了,所以我无悔。"这是我经常讲给同学们的两句话。刘梅同学就是这样做的,在病痛中,她坚持着,血糖高了,就喝点水;低了,就吃块糖,然而眼睛却始终都盯着黑板。在初中两年中,她先后三十多次晕倒在课堂上,然而,她却用那种让无数人无法想像的坚强实现着自己的求知梦。在她的感召下,班上懒惰的学生变得刻苦了,勤奋了。从这个意义上来说,我真的要感谢刘梅同学,是她帮我给孩子们上了最生动的一课。

作为班主任,对于刘梅同学,我感到有愧于她,因为我给了她过高的期望和太多的压力。一年级下学期期末考试,她考了年级第一名,但是生物和地理却只考了八十多分。在二年级上学期开学时,我没有给她任何辩解的机会,非常严厉地指出她在考试时犯下的错误。那时,我完全忘却了她是一个身患重病、经常住院、不时在课堂上晕倒的孩子。从那次以后,她的生物每次都是满分,地理也在 95 分以上。进入初中后,她先后三次考试成绩名列全年级第一。大家要知道，她是一个身患重病、时时要与死亡进行抗争的孩子啊！

刘梅最近一次发病是在2004年4月16日，那天早自习前，我和年级组长李湘群正在办公室备课，忽然听到有人在用哭泣的声音叫我。我一看，原来是班上的王静同学，她哭着告诉我说："谷老师，刘梅她晕倒在教室了，我们怎么掐她也不醒。"因为刘梅的存在，班上的同学都学会了急救的方法。当我和李湘群老师赶到时，同学们已经把她救醒了。于是，我一边通知她的父亲，一边扶她出教室去治疗。当走到门口时，剧烈的疼痛使得她已无法站立了，我只能抱起她飞快跑到保卫股，给她喂了一点水之后，才稍微好了一些。这时，她的父母也赶来了，在大家的协助下，又一次把她送进了医院。病情稍微好些后，刘梅就回到了家里。她不是不想多在医院呆几天，可是她知道，从五岁患病，为给自己治病，家里已经是一贫如洗，负债累累。父母要她还住几天，可她硬是要回家，她知道父母这些年来为自己操碎了心。

4月18日，也就是第三天早上，刘梅起床打完了针，准备来学校上学，可刚走到楼梯口，忽然间，眼前先是一片模糊，然后就是一片黑暗，她便吓得大哭起来。父母闻声赶回来，小刘梅的第一句话就是"我的眼睛看不见了，我读不成书了，我要读书，我好想到教室里上课"。然而，病情如此严重，又怎能进学校上学呢？于是，她又一次被送进了医院。

一次次晕倒，又一次次站起，刘梅同学就是这样顽强不屈地与病魔进行斗争的，就是这样勤奋刻苦努力学习的。刘梅的事迹，感动了我，也感动着班上的同学，我相信，也一定能感动所有的人。

最后，我呼吁：为了刘梅，为了这个让我们感动的孩子，让我们伸出援助之手，为刘梅奉献一片爱心，只要能安上胰岛素泵，刘梅这个孩子就能正常地学习，快乐地生活了。对你的真情，我想，刘梅一定记得，刘梅的父母也一定会记得。

一个让我们不能不感动和牵挂的孩子——刘梅

戴文胜

刘梅是我们学校初二年级74班的一名女生，今年15岁，这些天来，她一直让我们牵挂着，也一直让我们感动着。全校近1500名学生，为什么单单这名孩子让我们如此牵挂，又如此感动呢？那是因为在这名看似孱弱的孩子身上潜藏着一种让我们无法拒绝的东西，就是这种东西，这些天来让我们不得不牵挂她，也不得不为她奔走呼号！

一　初识刘梅

对刘梅，一年前我就有所了解。那是在她读初一时，有一次，她的班主任谷爱庆告诉我，说他们班上有名患病的孩子，特别坚强，而且成绩特别好。因为这样，所以我当时就建议他，让刘梅在国旗下讲话的时候，给师生们讲讲她是如何与疾病作斗争并努力学习的。这是刘梅最初给我的印象，不深也不浅。说句老实话，这也许是职业的冷漠，因为做这个工作长了，谁又没有遇上几个生病的孩子呢！因此觉得不足为怪。再加上当时对她所患的病也知之不多，以为也只是一种常见病而已，所以，也就没有去深入关注这个孩子。

再后来，随着时间的推移，对刘梅及她的家庭情况有了进一步了解。记得是上学期开学时，她的班主任带着刘梅的父亲来找我，说刘梅家里困难，看能否给刘梅把学费缓一下。这时，我才知道刘梅的父母与我们其实是天天谋面的熟人，而且就在对面学校工作，还曾任过学校的领导，由于这样，当时就毫不犹豫地签了字。

到这学期开学,刘梅的父亲和刘梅的班主任又来找我。刚进来我就发现刘梅父亲的脸色很疲惫,眼眶也是红红的,神色不太好,欲言又止的样子。我问他,他才开口,说:“真的不好开口,你们对刘梅这样关照,上期的学费还没有交,现在又来找你们。”听到这儿,我就明白了他来的意图,没等他反复再说什么,就叫班主任替她写了申请书,然后就给她签了入学手续。因为,我知道一个人不是到万不得已的时候,是不会向人屈尊开口的,何况刘梅的父亲还是一个曾任过校长的国家工作人员!

说到这里,你们一定还会说,这有什么呢?现如今,因为疾病,家庭困难的很多,就是比他们困难的也还很多!

就这是刘梅和刘梅家里给我的最初印象。

二　与疾病顽强抗争的孩子

一转眼就到了今年4月16日,这天,县文联的王成均老师和县电视台记者郁鸿萍来到学校,说来采访刘梅的事迹,并为她拍摄专题片。到这时,我才真正走近刘梅这个孩子。

我知道了她患的是一种糖尿病,糖尿病是一种什么样的病呢?当今医学界有四种尚未被攻克的顽症,它们并称为威胁生命安全的四大隐形杀手,它们就是癌症、艾滋病、乙肝,再加上糖尿病。而糖尿病又分为两种——Ⅰ型和Ⅱ型,Ⅰ型比Ⅱ型更厉害,常见的多是Ⅱ型,而刘梅患的恰恰又是Ⅰ型。那么它顽固到什么程度呢?人要是一旦患上,就可能要终身饱受病痛的折磨。死,一时死不了;治,又治不断根;不吃药,不打针,不好好治疗,就有生命的危险。因此,这就是说,人一旦患上它,就要终身与之搏斗。

刘梅五岁时患上这种疾病,至今已是十个年头,大家想想,一个还只有十五岁的女孩子,这十年,她是如何走过来的呢?

首先,想吃的东西不能吃!尤其是糖。孩子曾说过这么一件事,说那是她在幼儿园的时候,别的小朋友都吃糖,五颜六色的糖,可爱极了,可自己呢,只能眼睁睁地看着,看着咽口水,看着流眼泪。我们知道,吃,对孩子是一种最大的诱惑,而要拒绝这种诱惑,一次容易,可是要长期去抵抗它,这需要多大的勇气与毅力呀?更何况是一个才几岁的孩子呢?

这还不算什么,更难的是吃药打针。药,得餐餐吃,针,得天天打;药苦得难以下咽,还得咽,针打得疼痛难忍,还得打,而且一打就是十年。

然而,更让我们感动的是刘梅自己打针。因为要长期打针,所以父母不可能随时都在刘梅的身边,为了让孩子学会自理,九岁时,刘梅的父母就鼓励她自己学习扎针。说起刘梅扎针,刘梅的父母至今还激动不已:做父亲的,因为不忍目睹,就远远地躲在一边,母亲没有办法只得陪着。孩子拿起针管,呜呜直哭,始终不敢下手,她的母亲就不停地鼓励她,说:“丰儿,别怕,别怕!”在母亲的再三鼓励下,小刘梅终于将针扎进了自己的身体,在帮女儿推完药液,将针抽出的那一瞬间,刘梅的母亲终于忍不住了,抱着九岁的女儿就大哭起来。从此,一般的情况下,刘梅都是自己扎针。早晨起床后,扎完一针后去上学;中午放学后,跑到父亲的办公室又去扎一针;下午放学了,再扎一针,如此,已经是六年了。

由于是顽症,又没有特效的药物及根治的办法,只能靠保养去维持。所以刘梅的病情常常复发,复发起来便痛得大汗直冒,甚至昏倒在地。再加上长期服药、打针,又诱发了多种并发症,因此,在这近十年里,刘梅常常是行走在生死边缘,有几次,竟差点被夺去了生命,家里连后事都进行了安排。但刘梅凭借着坚强的毅力挺过来了。病发时,痛不欲生;可是稍稍好转,又是满脸笑容。

张海迪,是大家都知晓的一个意志坚强的人。然而,我觉得从某种意义上来说,刘梅比她更坚强。张海迪患的是小儿麻痹症,治愈后就没有了肉体的痛苦;可刘梅呢?却天天要与病魔作斗争,与生死进行搏斗;张海迪为学针灸,在自己身上扎针;而刘梅呢?也是自己扎针,而且是从九岁时就开始,一扎就是这么多年,每天又是这么多针。

同志们,要说坚强,谁坚强?要说勇敢,谁勇敢?这可是一个还只有十五岁的孩子呀!

三 勤劳俭朴,体贴父母的好孩子

如果不是女儿长期患病,刘梅生活的家庭应该是幸福的,因为父母都是国家工作人员。但是自从女儿患病之后,为了可爱的孩子,他们四处辗转求医问药,已变得一贫如洗。到现在已是负债累累,靠工资仅能勉强度日。

说到这里,你们也许不信。因此,我还是先给大家算一笔账:现在,刘梅父亲的工资是九百八十多元,母亲的是七百多元,合计大概是一千七百元左右。然而这笔钱要作哪些开支呢?首先是刘梅每天的服药打针每月花去七百多元。这是正常情况,如果有什么意外的话,还要承担各种住院治疗费用。由于没有装上胰岛素泵,凭感觉去把握血糖指数,有时很难确定,所以病情就常常复发,因此住院也就是常事了。就说四五月份吧,4 月 16 日进医院,4 月 18 日又进,4 月 25 日去长沙检查,5 月 9 日又进医院,先是中医院,后是到长沙,住院费、车旅费、生活费,开支是很明显的。

为了刘梅,刘梅的父母刘红卫夫妇,想尽了一切办法。他们吃的是粗茶淡饭,穿的是别人给的陈旧的衣服;别人娱乐他们不扰边,能省一个的就省一个。特别是刘梅的父母作为国家工作人员,为了给女儿治病筹集一点资金,他们在工作之余,又毅然扛起犁耙,种起了邻居送给的土地,养起了生猪,当起了农民。同志们,这都是为了孩子呀!如果不是到万不得已的时候,谁会这样去做呢?但是,为了可爱的女儿,他们已顾不得这么多了。苦点,累点,又算得了什么呢!这些年来,刘梅的父母就是这样一直不停地为女儿奔波着,劳碌着,辛苦着,因为女儿就是他们的一切,他们坚信科学这么发达的今天,孩子的病,总有一天能治好。

家庭的困境，父母的艰辛，小小的刘梅都默默地看在眼里，深深地记在心中。在家里，她帮父母干着力所能及的事情，做饭、洗衣、收拾家务。父母从山上劳作回家，她就递上一杯茶，问他们累不累。不要看这只是些小事，只是一些朴实的话，可这是出自一个还只有几岁的孩子口中呀！

刘梅的母亲，患有胆结石、骨质增生，但为了给孩子治病，就只好拖着，因此病情不断加重。有时，就提前休息了。而刘梅下晚自习后回家，没看见母亲的身影，就问她父亲，说："爸爸，妈妈是不是又不舒服了？妈妈吃药了没有？"问完话，就来到母亲的床前，看母亲睡着了，就拽拽被子，要是没睡着，就坐下来陪母亲说说话！刘梅就是这样来体贴她的父母的。

"爱美之心人皆有之。"可刘梅知道自己的家状况，所以她在学校里从不和别人比吃穿，她的任课老师告诉我，说刘梅这孩子一年四季就那么几件衣服。下课了，同学都去买零食，但是刘梅从不伸手向父母要零花钱买零食吃。

刘梅从小就爱看书，有时在书店看到一本好书后，很想把它买下来，但是她知道家里的困难，于是她就避开同学和父母，趁课余和放学回家的时间偷偷地去捡废品，积多了拿去卖了，再去买回自己渴慕已久的书籍。这件事情被她的班主任朱灵芝老师发现后，朱老师流下了眼泪。朱老师说给班上的学生听，学生听了也流下了眼泪。

如今，生活好了，孩子大手大脚地乱花钱是再普通不过的事情，尤其是在使用文化用品上，几乎要天天买。但是刘梅从小学到现在，父母却只给她买过几支铅笔。你们一定不信吧？不光你们，就是刘梅的妈妈也不相信。她说人家的小孩今朝买笔，明朝买笔，而自己的小孩却从未见买过笔，一问才知道，原来刘梅写的是从垃圾堆里捡来的，或是同学给她的铅笔头。短短的铅笔头，又怎样拿上手呢？刘梅同学有办法，她告诉她妈妈说，我用圆珠笔筒一套，或是用纸卷上一个纸筒，就能写了！这就是刘梅同学的发明创造。

当别的同龄孩子还在父母怀中撒娇的时候,她就知道了勤劳俭朴,就知道了体贴关爱父母,这就是我们的刘梅!

四　知恩图报,关爱社会的刘梅

刘梅同学患病后,社会方方面面给了她无限的关爱,从父母亲到同学、老师、医生、邻居。刘梅的外公外婆是两位年迈的老人,他们听说苦瓜粉能治外孙女的病,于是两位老人就在房前屋后种满了苦瓜,苦瓜收了,一根根切成片,再晒干,亲手磨成粉,然后再送来给外孙女治病,自己却也舍不得吃上一根。为了给女儿女婿尽可能多一些帮助,刘梅的外婆也四处收捡废品,有一次,为了一个废瓶竟差点被摩托车夺去生命。每当外婆将这些饱含着深情的零票塞在自己的手中时,刘梅都忍不住泪水直流。钱虽不多,但那是外婆用生命换来的啊!

正是这无数的关爱,给了刘梅与疾病作斗争的信心。对这些,刘梅知道自己暂时不能报答,于是就一次又一次在病中,用笔记录着这些款款深情。十年来,这些日记汇成了一本厚厚的书。前不久,稍经整理的《刘梅日记》初稿一面世,就引起了轰动。团县委副书记陈春华读完《刘梅日记》后,夜不能寐,第二天专程赶到学校,特地为刘梅买了一个精美的日记本,并取了一个月的工资,一起亲手送到刘梅手中。学校为了宣传刘梅的事迹,给每个班主任印发了一本《刘梅日记》,但是书一发到班主任手中,就被老师们抢走了,争相传阅。有的没拿到,就找到我们索要。特别是5月2日,刘梅带着这本书,到北京参加全国小作家协会第一次代表大会,书一拿出来就轰动了会场,与会人员纷纷认购,几十本书顿时一抢而空。《张家界日报》记者赵杰看后说道:"这是一本让同龄人感动,让长辈动容的倾情诉说。"

"投之以李,报之以桃","滴水之恩,当涌泉相报"。无数的关爱,点燃刘梅的理想之灯:刘梅说她有三个理想,一个就是做一名医生,去救治更多的病人;二个就是当一名老师,去教育更多的孩子；三个就是当一名业余作家，写出好的作品，去陶冶人的情操。而这三个理想，都源于所有关爱她的人。

沐浴着爱的阳光，身患重病的刘梅，也不忘播洒着爱的火种，她用她微薄的力量、博大的胸怀去回报着社会。2003 年，学校组织为癌症患者向浩博同学捐款，她捐了 13 元钱，这 13 元可是她捡废品积攒了多少时日一直舍不得用的 13 元呀！但是为了同学，她毫不犹豫地全拿出来了！还有一次，她揣着 5 元钱本是去书店买书的，可路途中看到一个因遭火灾而乞讨的老人，她一下子又把钱全给了老人。

这就是刘梅，一个身患重疾，却心地善良，不忘关爱他人的孩子！这种精神在一个孩子身上是多么难能可贵啊！

五　勤奋刻苦，昂扬向上的刘梅

刘梅同学虽然患有重病，可是她在学习上、纪律上并没有降低对自己的要求，她时时提醒着自己。进入初中后，同学们信任她，要她担任学习委员，可由于多方面的原因，有段时间班上纪律、学习不太理想，为此刘梅常常责怪自己，在她看来，自己有不可推卸的责任。

在学习上，刘梅同学也时刻没有放松。每次发病后，只要稍稍好转，她就又捧起了书本。在她的眼里，读书是一种快乐，是一种幸福。书里有一个宏大的世界，这个世界让她痴迷。前不久，一个早晨刘梅正准备来学校读书，刚走到楼梯口时，病情一下又发作了，眼睛也突然一下看不见了，当时，刘梅的父母闻声赶到后，刘梅说的第一句话就是“我读不成书了”。

正因为勤奋刻苦，心中装着美好的希望，所以刘梅同学的成绩一直名列年级前茅，最差的一次，用她自己的话来说是年级第八名，而这第八名，还是因为临近期末考试有一个多月没有上课。如此成绩，对于一个健康人来说，都是极不容易的，更何况一个每时每刻都要与疾病作斗争的孩子呢？其付出的汗水可想而知！

六　宣传刘梅的意义

各位领导，同志们，刘梅还只是一个十五岁的孩子，但是她却用自己近十年来的行动，为我们树立一个可歌可泣的、值得千千万万同龄孩子学习的、也值得我们成年人学习的榜样。

刘梅的事迹，让我们不能不为之感动，刘梅的病情，也让我们不能不为之牵挂，也不能不去为她的生命奔走呼告。

因此，今天，我来向大家介绍刘梅的事迹，首先是来向大家求援来的。因为目前刘梅的病情到了最为艰难的时刻，如果不趁早换上胰岛素泵的话，刘梅的病情就会越来越恶化，甚至还会有生命危险。但是，只要装上一个胰岛素泵，她就能和健康人一样地学习，一样地生活了。可是装上这样的一个胰岛素泵，至少需要六万元，而这六万元钱，要一贫如洗的刘梅父母自己去筹的话，那将是一个遥远的梦，因为他们早就负债累累。因此，为了这样一个优秀的孩子，为了这样一个可爱的生命，让我们每一个人都能为救助刘梅奉献一片爱心。我想，有了大家奉献的爱心，刘梅同学就一定能健康地活着，快乐地成长，到那时，我想你们一定也会为此感到幸福的！

此外，今天，我来向大家介绍刘梅，还有一个想法，就是我觉得救助刘梅，宣传刘梅，不单单是救助刘梅一个，而是有着很大的社会意义。今天，大家都觉得孩子难管，学生难教，学校的德育工作很难突破，而刘梅的出现，无疑又为孩子们提供了一个学习的楷模。她那种与病魔抗争的顽强不屈的精神，是我们中华民族自强不息精神的闪耀；她那种勤劳俭朴、体贴父母、知恩图报、关爱他人的品质，也正是中华民族传统精神的映射；而她那种勤奋刻苦、努力学习的精神，又正是我们时代所需要的。然而所有的这一切，也正是我们身边很多孩子所缺少的！所以救助刘梅，学习刘梅，又有着很大的社会意义。刘梅是我们身边看得见、摸得着，可感、可触的榜样，学习她，宣传她，显得更有说服力。在党中央、国务院加强未成年人思想道德建设的今天，宣传学习刘梅的优秀事迹，更有特殊的现实意义。

因此，为了刘梅，也为了一代又一代的后世子孙，让我们携起手来，把刘梅事迹的宣传推向一个又一个高潮。刘梅活着，就是对社会的重大贡献。

最后，祝所有的好人一生平安！

生命的新乐章

桑植县十一学校74班　刘晓庆

小学的我成绩一直很差，老师那责备的目光，让我失去了自信。对生活，对未来也充满了失望。但是，刘梅的出现，使我脱胎换骨，焕然一新，眼前的一切都是那么的有意义。

认识她是在初中一年级，为了共同的目的，我们走在了一起——一个让我感到温暖的74班。

一开始，我并不了解她，虽然我们家和她家没隔多远，但是就像有一层看不透的空气，彼此不能了解对方。我甚至有一点嫉妒她。因为她成绩又好，还有一个“有钱”的爸爸，又有一个世界上最好的妈妈。

后来，一件事让我改变了对她的看法。那天，我早早地来到学校，路上正好遇到刘梅，于是，我跟她一块儿走。可是走到她爸爸办公室旁的时候，她停了下来，我也停了下来，但我不知道她要干什么，只见她对我微微一笑，然后走进办公室，不知怎的从她的书包里拿出一个什么长长的东西，我一看，一时目瞪口呆，原来是一个很长的用来打针用的针具。只见她熟练地把药水吸进针里，然后用那又长又尖的针头一下刺进了肱二头肌的上面。看到这一情景，我不由得打了一下寒颤，在这一刻，我也有千言万语想对刘梅说。但更多的问题是为什么，为什么她要打针？而且看起来是那么熟练；为什么她要自己打针？而不叫医生……一连串的问题在我的脑海里回荡，我没有更多的时间去思考，突然冒出了一句：“刘梅，你为什么要打针？”她只是微微一笑，然后慢吞吞地说："没办法，有病嘛，当然要打针了。""那你为什么要自己打呢?"我又迫不及待地问了一句。这一问，她的脸好像有点变了，我知道我不该问。但好奇心使我失去了控制。她没有说什么，什么也没说，只是沉默，尽管她什么也没说，但从她的眼睛里我看到了眼泪。是呀！一个多么坚强的孩子，一个十四五岁的孩子居然能够自己打针，而且脸上总是带着自信、希望的笑容，真是不简单，请问，谁能有她这样的勇敢?

就这样，我开始对她产生了敬佩之情。事后，我知道，她得的病很严重，这使我对她的嫉妒之心也烟消云散了。可让我万万没想到的事发生了。

那天上午，天气很热，正好我们又有一节体育课，老师叫她不要去上体育课，可她坚持要上，老师也没有再说什么，眼看一节体育课就要结束了，可这时太阳也越来越大。我看见刘梅脸上爬满了汗珠，不一会儿，不幸的事降临了，刘梅突然昏倒在地。同学们都被吓坏了。只见体育老师迅速把刘梅抱了起来，然后直奔医院。看见刘梅远去的背影，我的心中不觉一阵酸痛。刘梅被送进了医院，老师也派了代表去看她。我没去。就在刘梅昏倒的第二节课时，老师给我们讲了关于刘梅的病情。在这一刻，我感到了刘梅是多么不幸，她竟然得了这样的一种怪病。唉！真是老天不长眼呀！像这样一位心肠好、成绩好、又开朗又活泼的人居然得了这种病，真是不幸，怎么也想不到。唉!

第二天，刘梅来了，可是她的脸上还是和从前一样，充满自信，给人以希望的感觉，还是和同学们一起有说有笑，好像昨天的一切都不曾发生过似的。这让我感到了奇怪，也让我感到了她的勇敢。在她的脸上，我看到了她那永不失望的眼神，我永远也忘不了。

处于绝境的人，却表现得这么勇敢、真实。正是她的这种精神，使我重新找到了自信。曾几何时，我问过她："你为什么总是这样自信,这样勇敢。”她说:“因为昨天已经成为历史。我们何必去提呢?明天,明天是怎样我们谁也想不到。只有今天,今天才是你享受的一天,你又何必去回忆自己的痛苦、何必去预料明天你将是怎样呢!”多么坚强的一番话,难道你不被她这种精神、这种勇气所感动吗?

我被她感动

桑植县职中学生　熊亚莉

她,一个平凡的孩子,每天都穿着很朴素的衣服,每个周末她都同我在一个教室学写作,一开始我们就成了好朋友。直到现在,我才真正知道:她是一个平凡又不平凡的孩子。

我无法相信眼前的再熟悉不过仅有 14 岁的刘梅会如此不幸,她正经历着常人无法想像的人生最大的坎坷。她患糖尿病已近十年了,这十年以来,她每天都与病魔抗争,家里为她治病已是一贫如洗,都是学校教师的父母,竟欠下了近十万元债,还要亲自下地劳动。

历经十年的磨炼,刘梅成为过早成熟的女孩。在生活上,她不能像别的孩子那样随便乱吃东西,也很节俭,从不乱花父母给的一分钱,除了买书之外,她知道,这钱是来之不易的。若不是在宣传栏看到她的事迹,我真的难以想像,小小年纪的她竟每天都给自己打针。每个孩子都害怕打针,大人在旁边哄着都还要掉眼泪,而她竟给自己打针好几年了,这需要多大的毅力和勇气啊!

刘梅虽然身患重病,但她并没有因此而放弃一切。她一有空就帮父母干活,还利用课余时间偷偷捡废品卖钱买书。她也忘不了关心他人,她曾为同学捐过款,为街上的乞讨人捐过钱。更可贵的是她对学习的追求,她一刻也忘不了努力学习,每个星期她都要去书店看一看。她的成绩很优秀,从小学到初中一直居全年级前茅。前不久还光荣出席了首届全国小作家代表大会,并当选为主席团成员,在大会上作了专题发言,备受首都各界的关注。我们谁都知道这些成绩都是她平常非常努力的结果。好几次,当老师讲得津津有味时,她的脸色苍白,汗如雨下,她的病又犯了,但她并没有因此哭泣或是放弃学习,她总是默默地忍着,若不是同学发现,她是不想让人知道的。像这样的事不知发生了多少次，有多少次她都在死亡边缘挣扎，坚强的她都一次次挺了过来。若是换了别人会像她那样吗？我们有些同学生活得很好也不好好学习，而她渴望生命的同时，对学习还如此地执著，我们真为自己感到惭愧。

她的事迹感动了许多人。在学校受到老师同学的关怀，在生活中受到社会的关爱，在医院受到医生的关爱。她说这一生她有三个理想：第一想当一名医生；第二想当一名作家；第三想当一名老师。这些理想都是源于周围人的关心、爱护而产生的。

小小年纪的她有多么伟大的人生理想啊，她是一心想为社会做贡献而不求任何回报的女孩。我多次问自己，论年龄我可以当她姐姐，我有过理想吗？有她那平凡而伟大的人生理想吗？宣传会上，观看的人围了一层又一层，有许多人都为她伸出了援助之手，路过的车辆都纷纷停下来，还有许多的人看着看着眼睛都湿润了。我不知自己在宣传栏前站了多久，不知道有多少人来了又去了。而此时刘梅正躺在医院的病床上。电视屏幕上正播放着："只要人人都献出一点爱，世界将变成美好的人间……"

动人的音乐感动着每一个人。我久久站立在宣传栏前，深深地感动着，沉思着……

图书在版编目(CIP)数据

刘梅日记/刘梅著;王成均编. -成都:四川少年儿童出版社,2004

ISBN 7-5365-3326-8

Ⅰ.刘... Ⅱ.①刘...②王... Ⅲ.日记-作品集-中国-当代 Ⅳ.I267.5

中国版本图书馆 CIP 数据核字(2004)第 096034 号

责任编辑:田 曦
封面设计:周筱刚
技术设计:周筱刚
责任校对:相 全
责任印制:薛 薇

刘梅日记 刘梅 著 王成均 编

出 版:四川出版集团 四川少年儿童出版社
地 址:四川成都盐道街 3 号 邮政编码:610012
网 址:http://www.sccph.com
http://www.chinesebook.com.cn
发 行:新华书店
印 刷:成都金星彩色印务有限责任公司
开 本:880×1230 1/32
印 张:6
字 数:150 千
插 页:4
印 数:1-25 000 册
版 次:2004 年 9 月第一版 2004 年 9 月第一次印刷
书 号:ISBN 7-5365-3326-8/I·771
定 价:15.00 元